Festas Contemporâneas
A Arte de Celebrar

Glícia Abud - Kati Barbieri
Lilian Baptistella - Sylmara Venturelli

EDITORA BOCCATO

A arte de criar espaços organizados para abrigar os diferentes tipos de atividades funcionais é o trabalho do arquiteto.

Desde pequeno soube qual profissão me faria feliz. A arquitetura sempre aguçou minha curiosidade e acabou me absorvendo naturalmente.

Meu pai, clínico geral, fazia uma viagem por ano com a família para fora do Brasil. Cada vez conhecíamos um país diferente. Isso abriu meus horizontes. Possibilitou que eu conhecesse novos lugares, culturas e costumes. Foi viajando também que aprendi a distingüir estilos de época e compreender suas origens.

No Alto da Lapa, bairro onde nasci e cresci, me divertia entrando nas construções e inspecionando o avanço das obras pelas redondezas de minha casa.

Nos meus anos de faculdade, absorvi influências de grandes mestres como Oscar Niemeyer, Le Corbusier e Paulo Mendes da Rocha.

Nunca senti a necessidade de desenvolver uma espécie de carimbo, através do qual todos reconhecessem meu estilo.

Em 2003, fui convidado para converter um antigo depósito de produtos químicos em um sofisticado espaço para festas. Foi um grande desafio operar essa metamorfose. De cara, investi num estilo versátil e contemporâneo. Avaliei que, se optasse por um espaço moderno, talvez ele pudesse ficar ultrapassado em pouco tempo. Por outro lado, se fosse um projeto com linhas muito clássicas, poderia interferir e limitar seu uso para determinados tipos de eventos. Por isso tive como meta a criação de um espaço mais atemporal.

Mantive algumas das características da antiga construção, mas adotei soluções arquitetônicas que resultaram num espaço *clean* e extremamente neutro. Privilegiei a flexibilidade para quem vai fazer a ambientação e a decoração da festa e aproveitei os amplos vãos, a iluminação farta, a excelente acústica e a boa ventilação. Concebi um projeto onde a circulação dos convidados e a versatilidade dos recintos também fossem prioridades.

Os salões elegantes funcionam como uma tela em branco para que o dono da festa e seus colaboradores "pintem" e criem a ambientação que bem desejarem para sua celebração, sem interferências ou restrições.

Exemplos desse trabalho de cenografia e decoração - outras atribuições dos bons arquitetos - é o que veremos nesse livro.

Índice

Cores Coordenadas 9
por Allan Malouf

A Sedução do Cristal 17
por Andrea Saladini

Explosão Amarela. 25
por Camila Vieira Santos

Um Clássico 33
por Carlos Okumura & Jaime Ishikawa

Bênção dos Querubins 41
por Chris Ayrosa

Ousada Composição 49
por Clarice Mukai & Joel Matsuoka

Cinematográfica 57
por Cristiane Pileggi

Despretensiosa e Chique 65
por Fabio Mariutti

Jardim de Sonhos 73
por Feijó

Luz e Cor 81
por Felippe Crescenti

O Brilho do Lilás 89
por Jaqueline Menna Barreto

A Transparência dos Espelhos 97
por Lais Aguiar

Bossa e Descontração 105
por Luciana Gelfi & Gabriela Giannella

Chuva de Flores 113
por Marcella Pastore

Reflexos da Purpurina 121
por Marcelo Bacchin

Sofisticado e Casual 129
por Mariana Campos, Luciana Cox & Renata Carbone

Cenário Glamuroso 137
por Marina Schroeder

Tropical 145
por Patricia Monti & Patricia Monti

Tradição com Modernidade 153
por Simone Kauffmann

Elegante e Despojada 161
por Titina Leão

Caixinhas Multicoloridas 169
por Vic Meirelles

Bem-vindo à festa...

Convidamos o leitor a partilhar de momentos que nos encantaram e que estão compilados na forma de algumas das inúmeras festas que tivemos o prazer de presenciar.

Está na essência do ser humano se sociabilizar, celebrar e agradecer os momentos de alegria.

Seja qual for o motivo, da idéia inicial até a efetiva realização do evento, são várias as etapas determinantes que nos envolvem e nos dão prazer. Desde a escolha do local e de todos os profissionais contratados até a chegada dos convidados, emoções vão se sobrepondo e nos embalando, fazem bater mais forte nossos corações. Até o último lampejo de energia, a sensação é de que tudo passou muito rápido.

Segue-se então a prova das fotos e nelas perpetuada a lembrança de momentos às vezes nem percebidos.

As imagens ali registradas vão nos apresentando o brilho, o talento e o cuidado com pequenos detalhes que cada profissional dedicou na execução de tão árdua tarefa: a de realizar um sonho!

A missão é superar as expectativas, buscar a perfeição, surpreender, extasiar, deslumbrar.

O trabalho em equipe unindo várias *expertises* e o engajamento de tantas frentes de mão-de-obra contribuem decisivamente para o sucesso.

Nas próximas páginas o leitor terá contato com uma vasta diversidade de estilos, tendências e a genialidade na mistura de cores, flores, móveis, iluminação e todos os diversos ítens que compõem a realização de uma festa contemporânea.

Glícia Abud - Kati Barbieri - Lilian Baptistella - Sylmara Venturelli

Allan Malouf

Vivendo entre o Brasil e os Estados Unidos, Allan Malouf comanda dois escritórios de arquitetura e decoração: um em São Paulo e outro em Los Angeles. Formado pela FAU-USP, há 14 anos ele também começou a atuar no mercado de eventos. "Cuido mais da cenografia e da iluminação. Os demais serviços eu delego a alguns excelentes colaboradores com os quais trabalho regularmente".

Allan se orgulha por criar projetos detalhistas e precisos. "Quando chega a hora da montagem, todos se impressionam como as coisas ficam exatamente do jeitinho que eu desenhei na planta".

Acostumado a cuidar do *décor* de festas com orçamento praticamente ilimitado, ele faz um alerta: "Todos querem muito *glamour*, mas é preciso entender que nem sempre tudo que é caro e luxuoso funciona bem quando posto lado a lado. É preciso criar pontos de equilíbrio e é aí que entra o meu trabalho e minha experiência".

Fotos: Luísa Meyer

Cores Coordenadas

Na concepção desse casamento, o arquiteto Allan Malouf se inspirou em um jardim provençal. Ele criou uma atmosfera bem romântica e sofisticada, mas sem os excessos e os formalismos dos castelos franceses dos tempos do rei Luís XV, que apreciava desenhos extremamente rebuscados.

O branco aparecia misturado a muitas flores em tons de verde e laranja. Isso, em conjunto com os móveis patinados, reforçava o ar tipicamente da Provence.

Castiçais bem altos com velas e mesas em madeira eram outras peças que remetiam à paisagem do interior da França.

No altar da cerimônia religiosa, cristais, móveis e tapetes de época ajudavam a criar um clima. A parede ao fundo, toda forrada de folhagem verde, era mais um elemento que compunha esse cenário campestre. O pátio interno tinha como *pièce de résistance* um grande lustre que também foi ornado com folhagens.

Na mesa de doces, delicadas forminhas, grandes arranjos de rosas brancas, amarelas, salmão e alaranjadas, assim como as lanternas e as louças brancas faziam igualmente uma remissão a esse conjunto de imagens e referências provençais.

Todo o projeto tinha uma unidade muito forte e de fácil identificação pelos convidados. Foi uma festa com um *décor* elegante e requintado, mas, ao mesmo tempo, bastante simples.

Andrea Saladini

Foi numa agência de propaganda que a publicitária Andrea Saladini descobriu seu dom para a decoração. Ela fazia arranjos florais para enfeitar os ambientes e começou a ser cada vez mais requisitada pelo bom gosto e originalidade de suas criações.

"Foi assim que entrei nessa área de eventos e, rapidinho, saí da agência onde trabalhava para abrir um ateliê de flores". No começo, seu estúdio funcionava numa acanhada salinha na Vila Madalena. "Parecia uma estufa, era minúsculo e tinha muitas plantas e muita gente".

Bem-sucedida, hoje ela tem um *showroom* nos Jardins, uma loja na Vila Olímpia e dois galpões onde são elaboradas as peças que decoram badalados eventos de todo tipo. Por fim, comanda ainda um *site* de comércio virtual de arranjos e buquês.

"Cheguei a fazer 5 ou 6 festas por semana, mas hoje reduzi o ritmo para dar uma atenção mais especial a cada uma".

A Sedução do Cristal

Neste casamento decorado por Andrea Saladini, o que chamava mais a atenção dos convidados eram os lustres montados com pequenos cristais e as cortinas feitas com pecinhas desse mesmo material, usadas para enfeitar os vários ambientes da festa.

O brilho dessas peças funcionava em perfeita sintonia com um projeto de iluminação desenvolvido para o evento. Os cristais ora cuidavam de amenizar a luz das lâmpadas incandescentes, ora faziam o efeito oposto, multiplicando a sutil claridade gerada pelas velas.

Alguns feixes de luz estrategicamente posicionados também ajudavam a destacar outros detalhes da decoração. Com esse recurso, um arranjo feito apenas com galhos secos e dois aquários com flores submersas acabaram formando uma bela composição no *hall*.

Outro destaque eram as flores. As mesas do jantar e a de doces eram ornamentadas com arranjos bem tradicionais, mas de diversas alturas e formatos. Em comum, o uso de rosas em tons que variavam do branco ao mais rosado, passando pelo champanhe e pelo amarelo. Os porta-guardanapos também traziam uma delicada flor.

As almofadas dos *lounges* tinham uma delicada estampa floral que combinava com os coloridos arranjos.

Por fim, as cadeiras do noivo e da noiva foram adornadas e demarcadas por guirlandas com rosas.

Camila Vieira Santos

Desde os tempos de infância, a vontade de Camila Vieira Santos era estudar arquitetura pois costumava brincar com os esquadros, escalas, lapiseiras e desenhos de sua mãe, a decoradora Ana Maria Vieira Santos. "Foi um caminho natural, nem cogitei outras opções". Com o tempo, Camila passou também a decorar as casas que projetava e um dia se viu na tarefa de decorar a sua própria festa de casamento. "Foi um sucesso, teve uma repercussão enorme. Aí as pessoas começaram a me procurar para fazer outras festas. Nunca tinha pensado nessa possibilidade antes".

Hoje, a versátil Camila atua em várias frentes, mas é bastante seletiva na hora de aceitar um trabalho. "Priorizo os clientes que me permitem criar. Adoro participar do sonho dos outros. Afinal, é isso o que faço quando produzo um casamento, desenho uma casa ou faço um projeto de decoração".

Fotos: Luísa Meyer

Explosão Amarela

A noiva pediu uma decoração baseada em vários tons de amarelo e Camila Vieira Santos não fez por menos: encheu os salões com uma verdadeira festa de flores nessa cor, principalmente rosas e orquídeas chuva-de-ouro.

A cerimônia religiosa, no pátio interno, teve a *chupah* montada ao fundo. O teto ganhou 60 pequenos castiçais com velas. A entrada da noiva se deu por uma alameda ladeada por 20 árvores cobertas com orquídeas chuvas-de-ouro e o piso recebeu uma passadeira de veludo.

No salão, arranjos elaborados com rosas em cinco tons – do branco ao amarelo - ornamentavam as mesas sobre grandes castiçais que tinham, no alto, velas em mangas de vidro que davam um ar romântico, clássico e sofisticado à decoração.

A mesa dos noivos ganhou um arranjo de flores amarelas em toda a sua extensão. Ao longo desse caminho florido, vidros de diversos formatos e tamanhos com velas dentro pendiam do teto.

A mesa de doces e o aparador antigo onde ficavam as lembrancinhas também ganharam enormes arranjos feitos com rosas brancas e amarelas. Nos pés desses móveis, forração com cipó, folhas de hera e galhos de pêra.

Os doces foram colocados em caixinhas brancas e amarrados com uma delicada fita de cetim amarela.

Carlos Okumura & Jaime Ishikawa

Filho de produtores de flores, Carlos Okumura expandiu os negócios da família ao tornar-se um fornecedor de rosas e ramalhetes para as lojas de uma grande rede de supermercados. Em meados dos anos 60, inaugurou sua própria floricultura, a Itamaraty, no tradicional bairro de Higienópolis. Com o tempo, seus clientes começaram a pedir que a loja elaborasse também arranjos para festas e, assim, o foco foi aos poucos migrando para o setor de eventos. Hoje, Carlos Okumura e o sócio Jaime Ishikawa somam 40 anos de mercado. À frente de uma das principais empresas de decoração de festas de São Paulo, eles ornamentam casas, salões de festas, igrejas e sinagogas. "Somos realizadores dos sonhos de nossos clientes. Nosso trabalho é transformá-los em uma realidade que fique marcada na memória dos noivos, dos aniversariantes e também dos convidados", conta Jaime Ishikawa.

Fotos: Luísa Meyer

Um Clássico

O sonho da noiva era um casamento em clima de romance decorado com muita elegância. Já a mãe da noiva queria uma decoração com muito luxo e muito requinte. Inspirados por essas solicitações, os decoradores Carlos Okumura e Jaime Ishikawa desenvolveram um projeto sofisticado e bem clássico, que agradou em cheio às duas e também aos convidados.

O projeto utilizou alguns móveis trazidos da Itália e outras peças nobres como castiçais em prata, um refinado serviço de louças, copos de cristal e sobretoalhas brancas em linho com bordado *richelieu*. As mesas ocupavam não só os salões, mas também o pátio interno.

Ramos de cipó com flores brancas envolviam as colunas e davam um toque especial. Os lustres, forrados com folhagens, tinham também lírios e camélias brancas.

No *hall* nobre, os bem-casados foram dispostos sobre uma mesa vazada, posicionada ao redor do tronco de uma enorme árvore carregada de flores brancas.

A sala da mesa dos doces tinha ricos arranjos de flores brancas e luz proveniente tanto de castiçais de prata com velas como também de um lustre de cristal. Ao fundo, uma tapeçaria antiga *aubusson*.

Para quebrar um pouco o clima solene do *décor*, um animado show do cantor Sidney Magal levou todos os convidados à pista para alegres momentos de descontração.

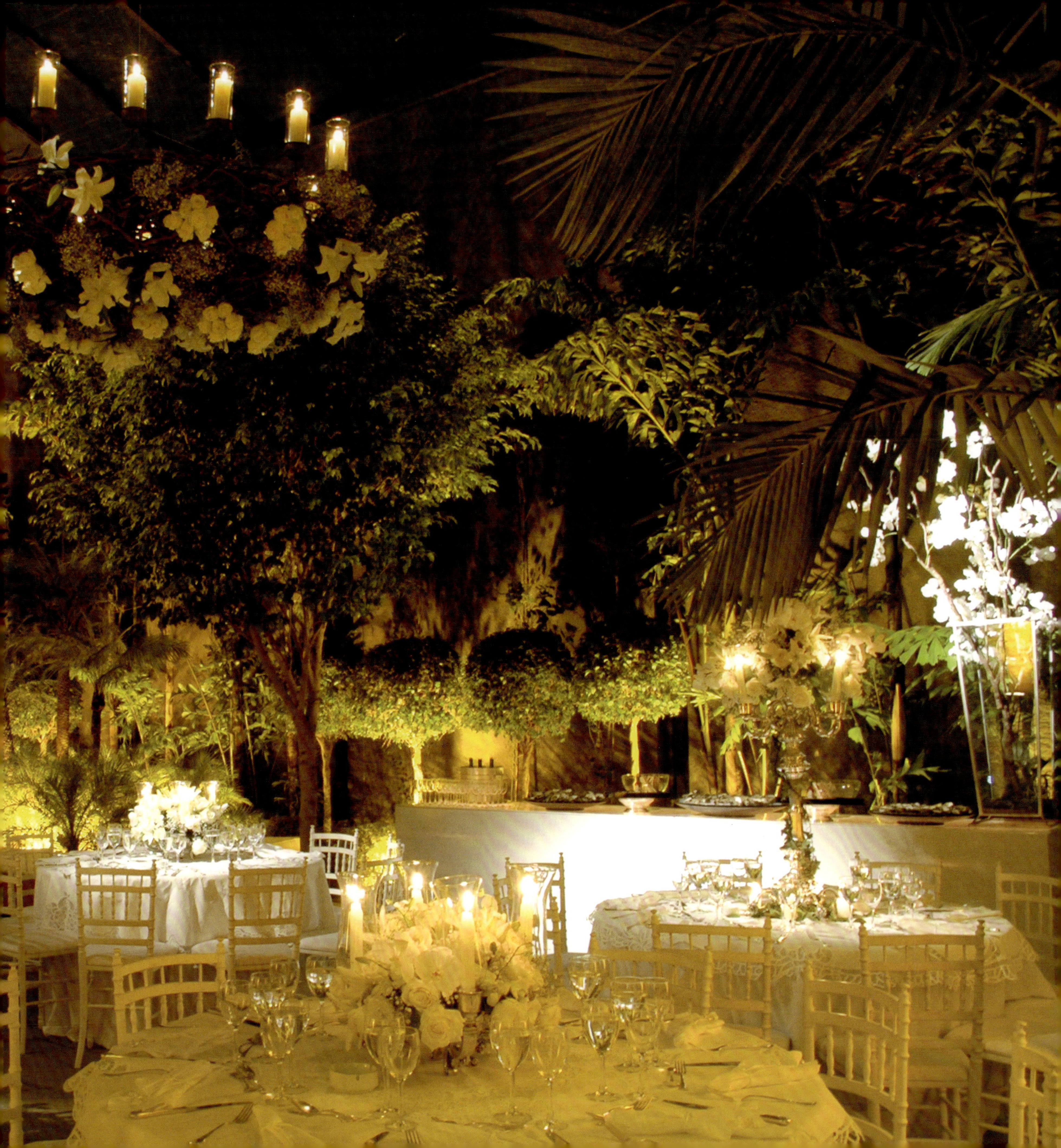

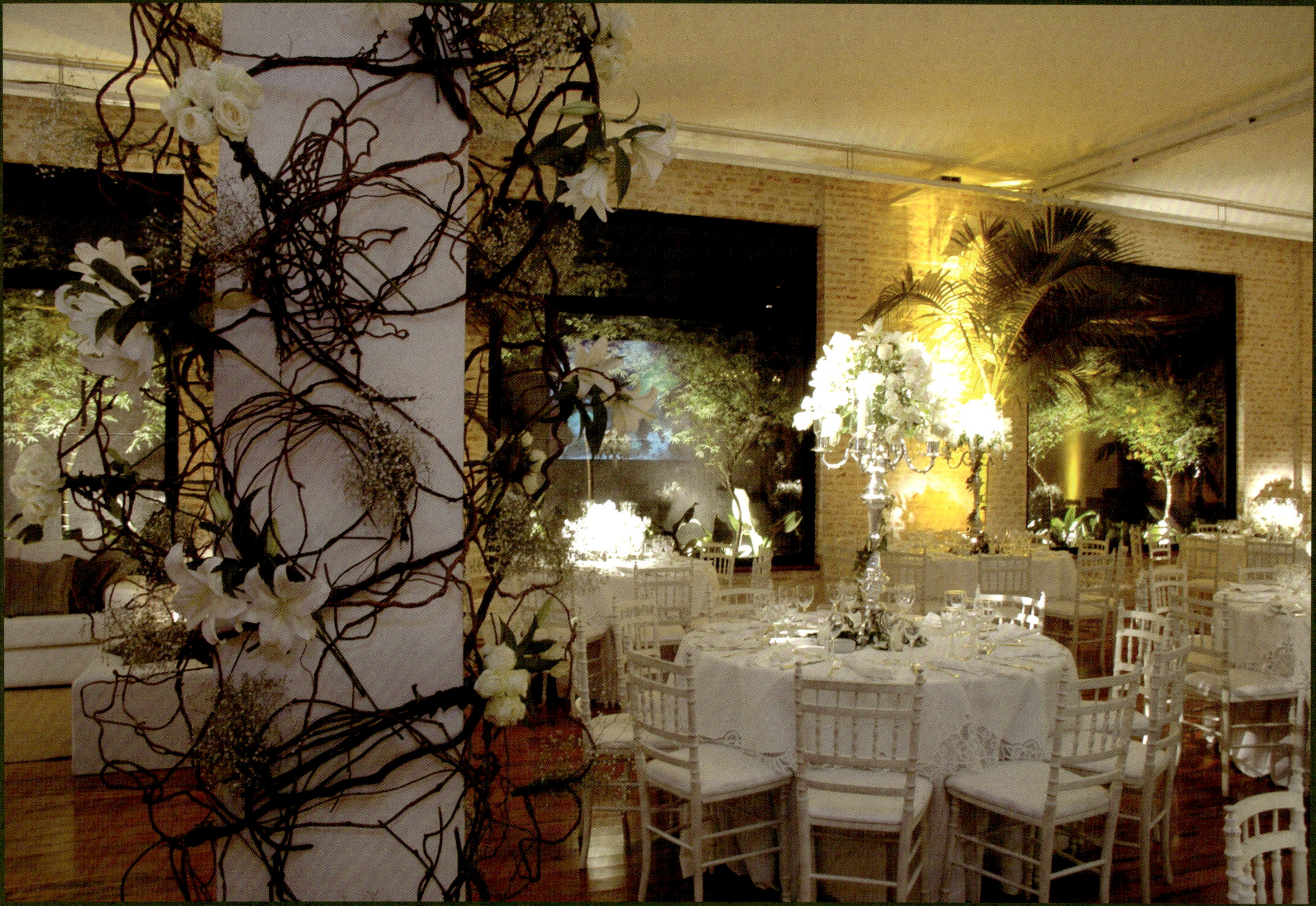

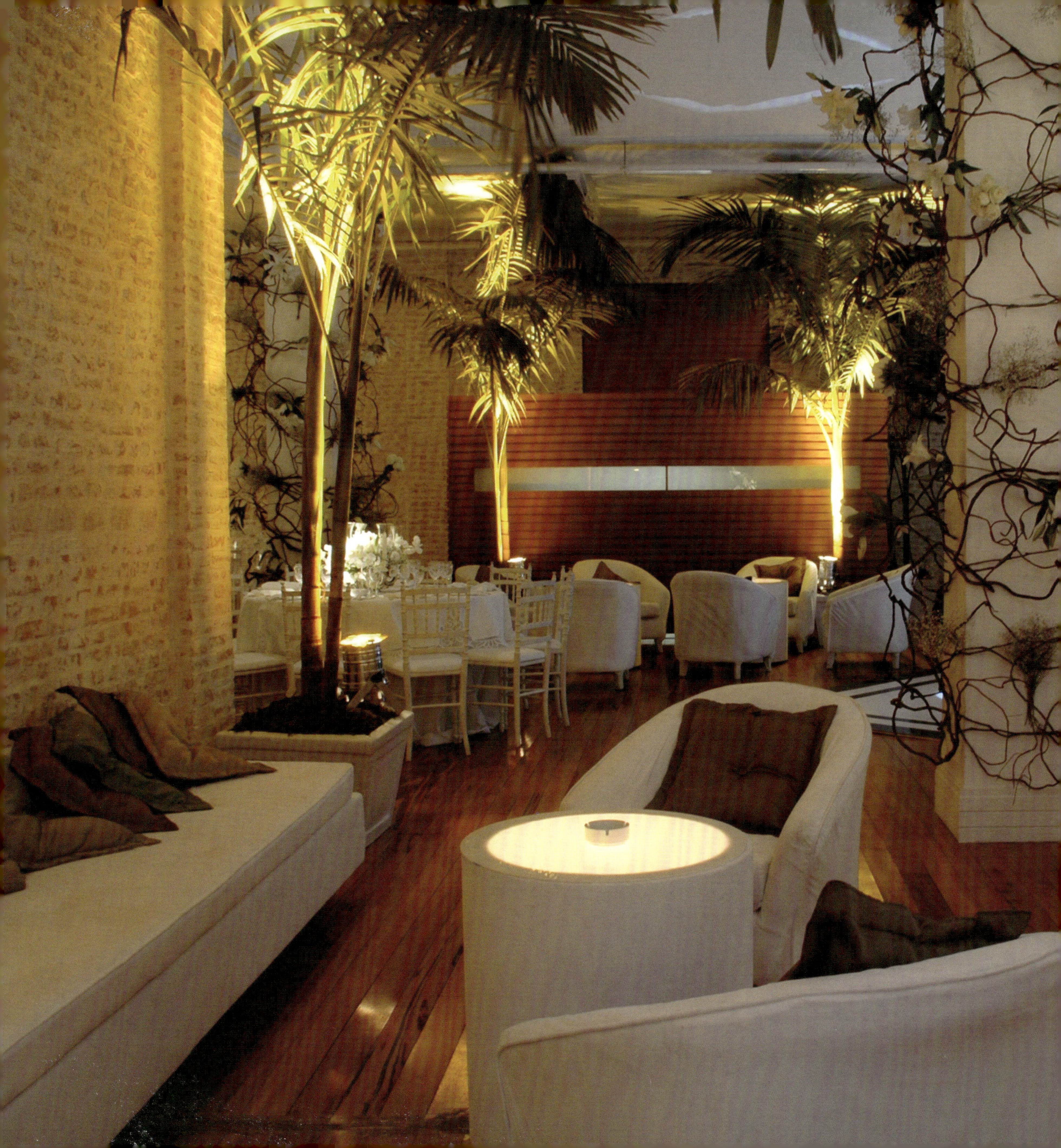

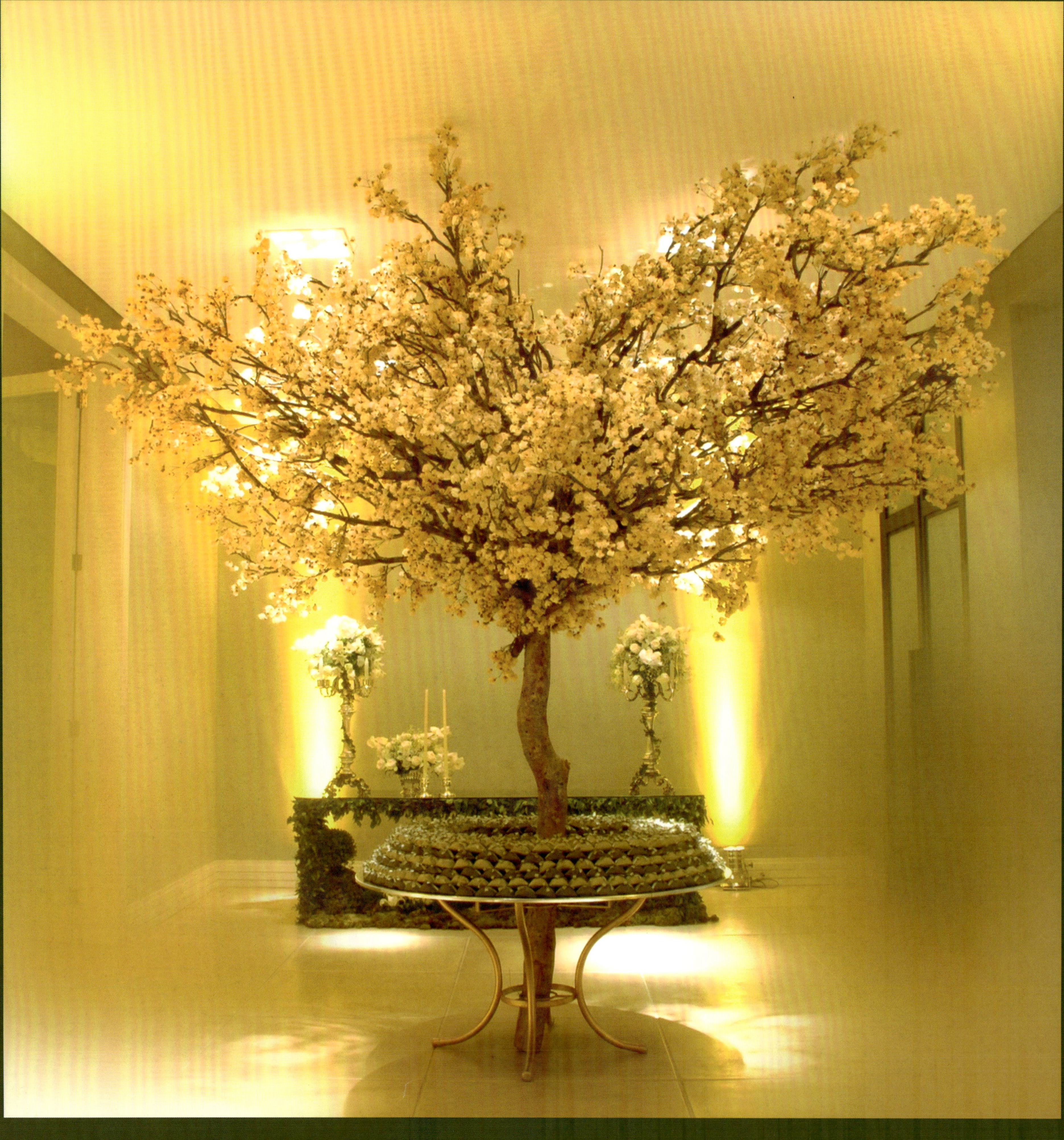

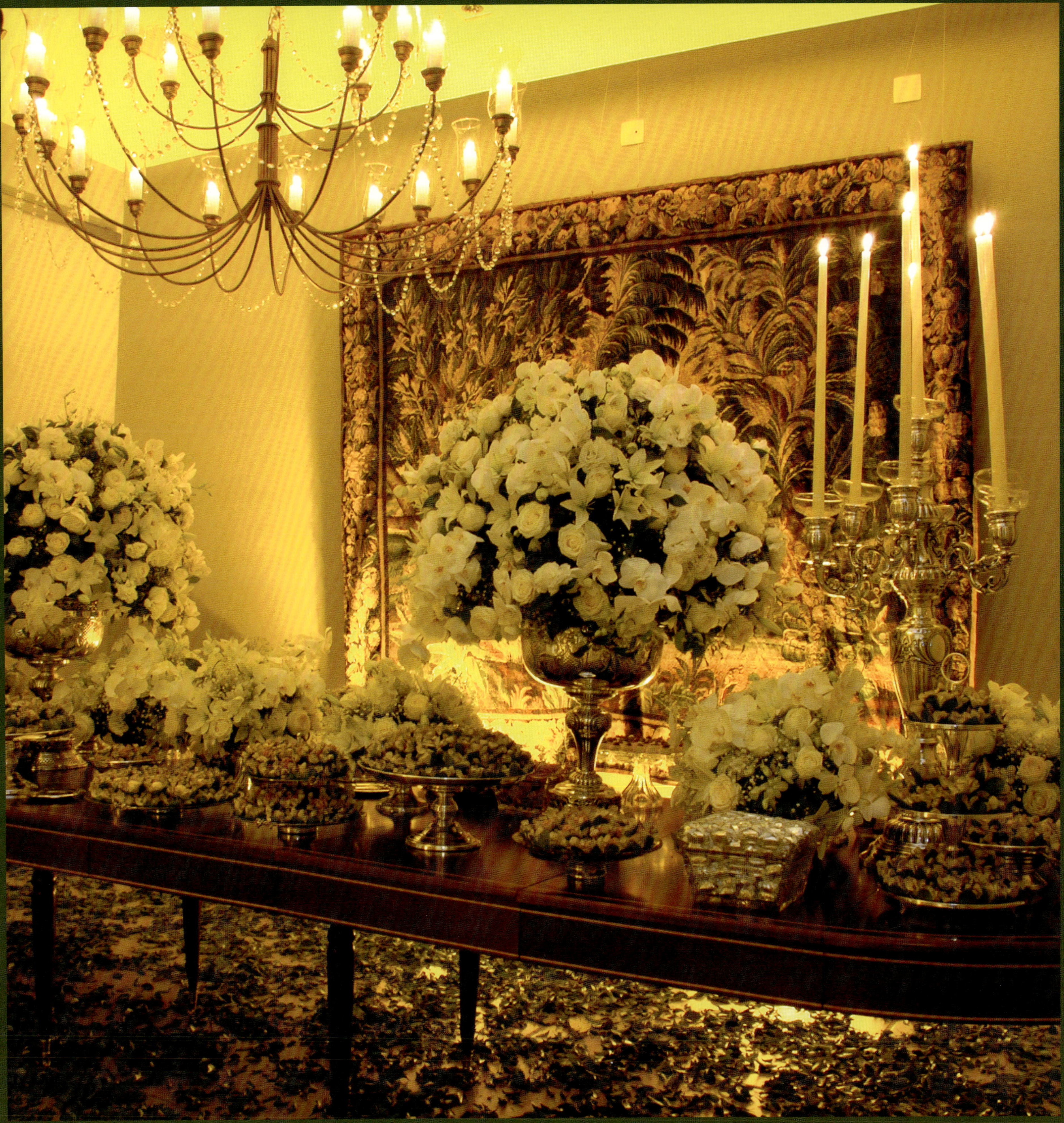

Chris Ayrosa

Formada em decoração, história e paisagismo, Chris Ayrosa começou a atuar como cenógrafa em uma época em que essa profissão ainda não era valorizada e compreendida, nos anos 80. Seus primeiros clientes eram leiloeiros de gado e promotores de eventos hípico-esportivos. Hoje, eles continuam na agenda de clientes de Chris, mas dividem espaço com grandes empresas, socialites, celebridades e também a Rede Globo, que delega a produção de todas as suas festas a ela. Seu escritório, hoje, tem duas divisões: a Party Design, totalmente dedicada aos eventos sociais, e a Chris Ayrosa Projetos, que abrange os eventos corporativos. Com a colaboração de 55 profissionais, ela mantém em constante evolução seu trabalho e o estilo que fez de seu nome uma grife. Entre outras tantas celebrações marcantes, foi ela quem cuidou da organização do memorável casamento de Athina Onassis e Doda Miranda.

Fotos: Sergio Luiz Jorge

Bênção dos Querubins

Para transformar em realidade os desejos dos noivos, Chris Ayrosa concebeu um casamento animado e moderno, com uma decoração simples e elegante que unia elementos do campo e da cidade.

O altar da cerimônia religiosa foi adornado com um grande crucifixo branco e vazado numa parede de abundante folhagem verde que tinha também dois nichos para abrigar imagens de santos trazidos especialmente da fazenda do noivo.

Nesse mesmo clima, a nave foi delineada por uma revoada de anjos querubins e velas suspensas. Para completar a atmosfera romântica e idílica, vasos com copos-de-leite bem brancos foram usados na ornamentação do pátio onde aconteceu a cerimônia religiosa.

Depois, nos salões preparados para a festa, mesas foram reservadas apenas para os pais e familiares mais próximos dos noivos.

Como os noivos queriam uma festa bem moderna, os demais convidados foram acomodados em *lounges* montados por todo o restante do espaço, com móveis onde o branco também predominava.

Para manter a festa bem animada, o som na pista foi comandado pelos consagrados DJs Felipe Venâncio, Michel Saad e Henrique Secchi.

À saída, a mesa de doces quebrava um pouco a hegemonia do restante da festa, com flores em cores bem vibrantes e detalhes em dourado. Os bem-casados foram personalizados com o mesmo tecido das almofadas de decoração dos *lounges*.

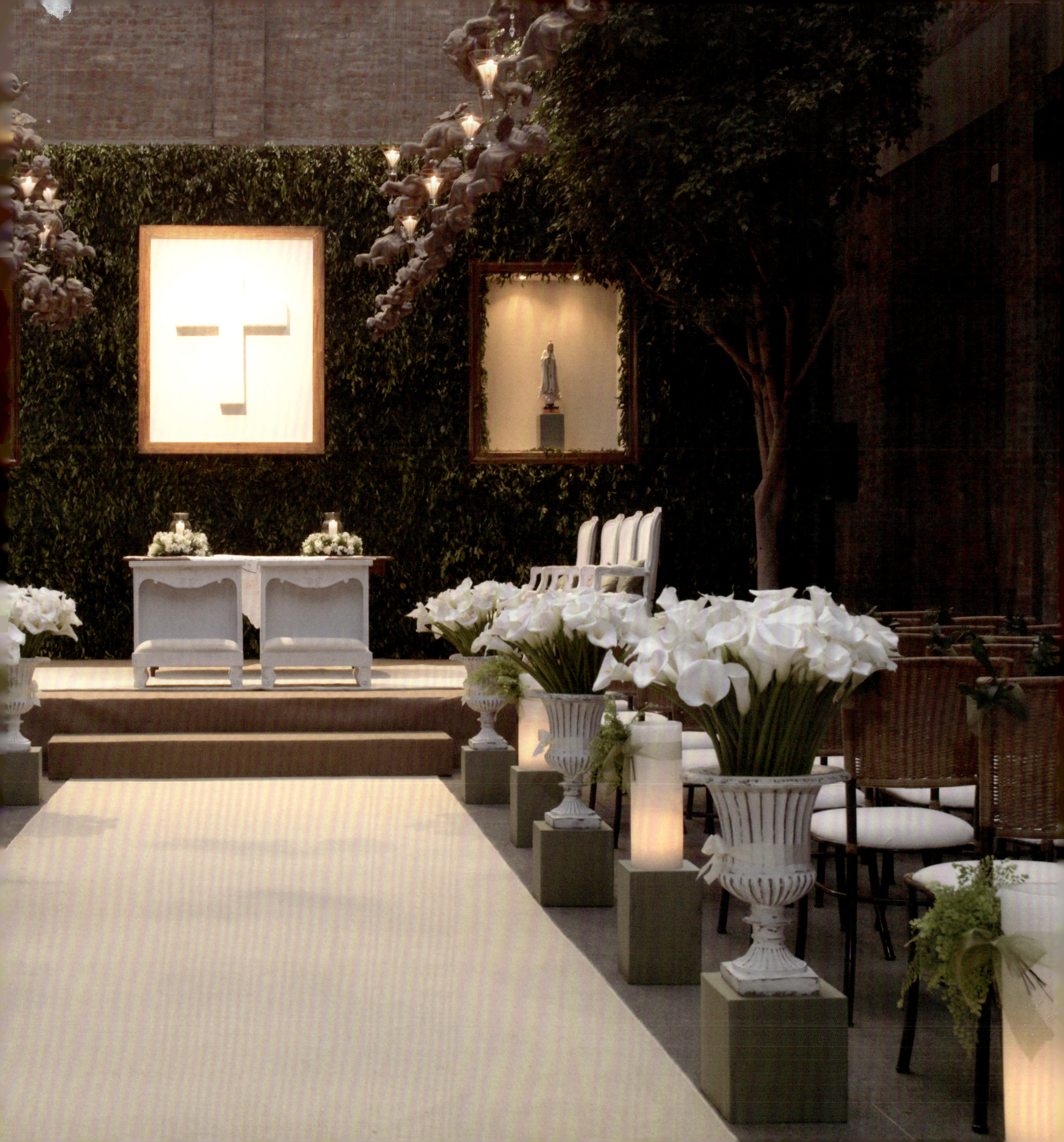

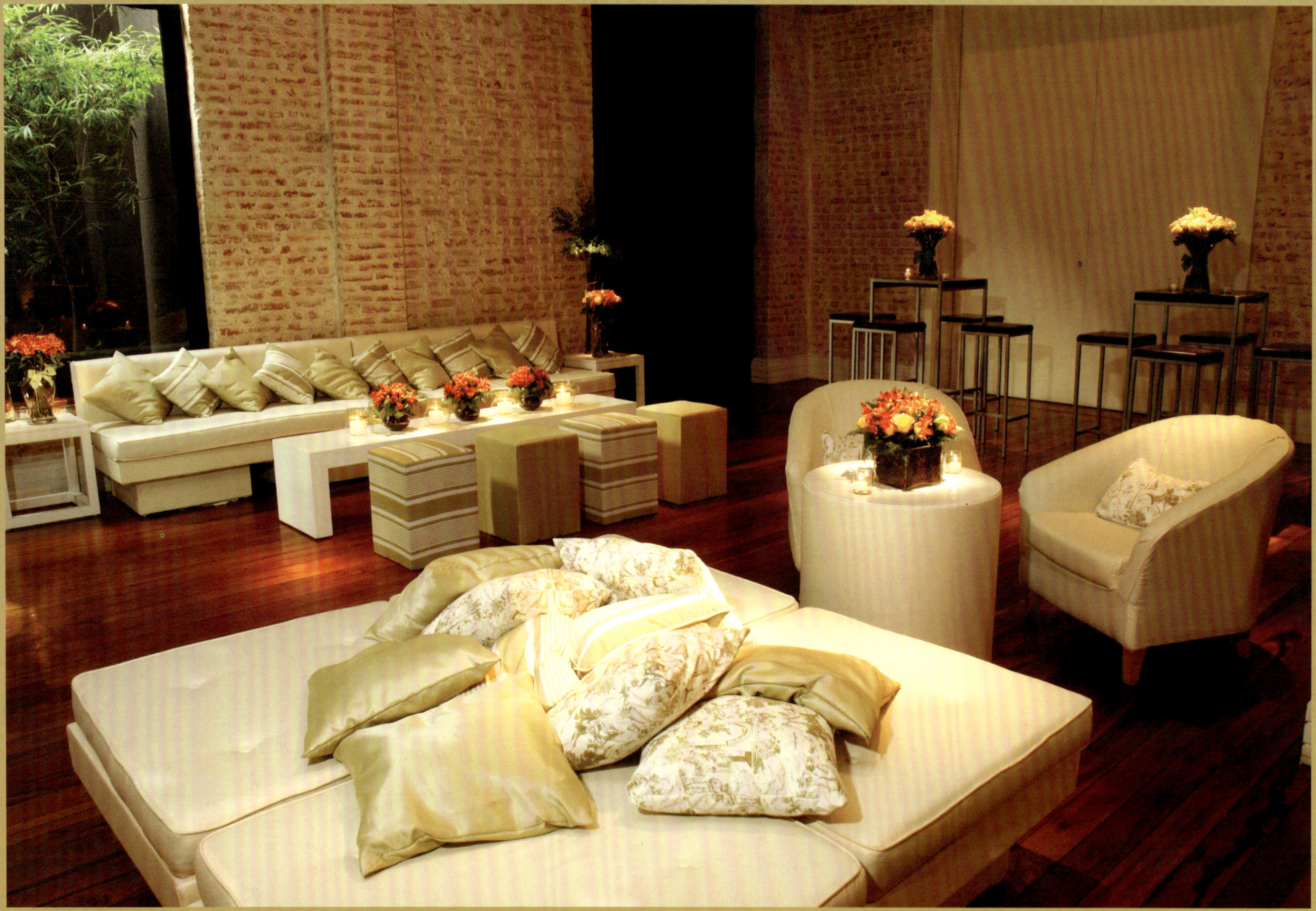

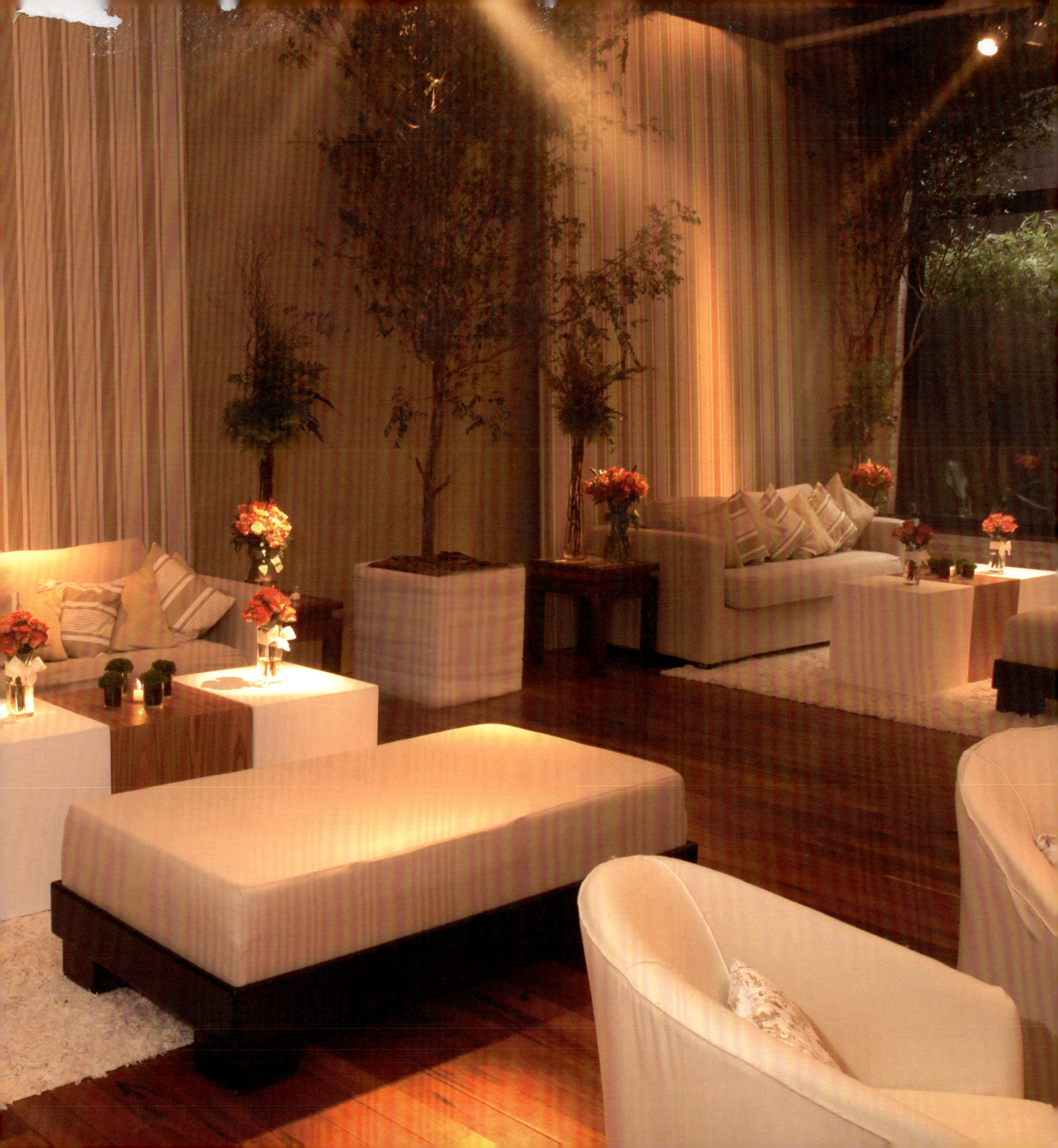

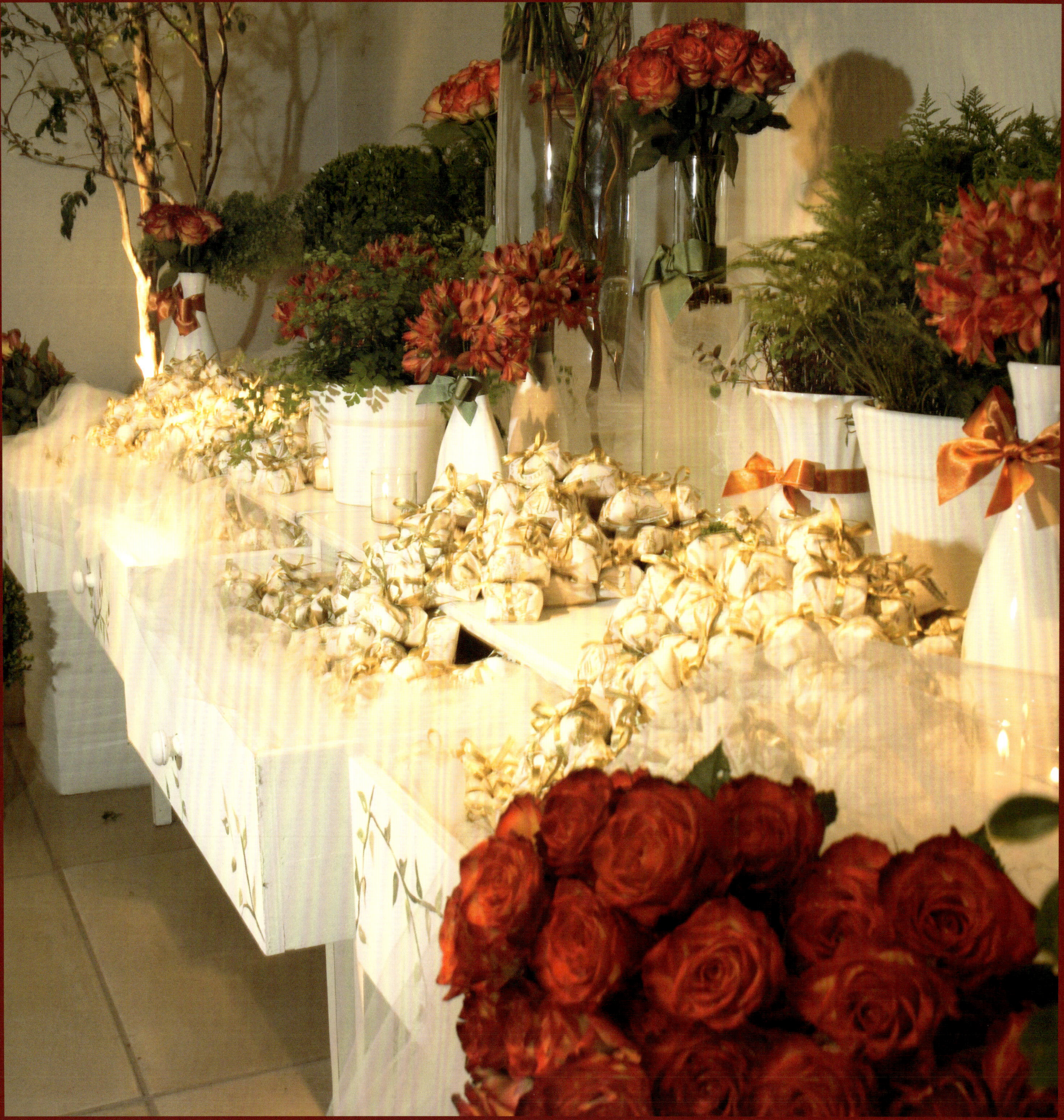

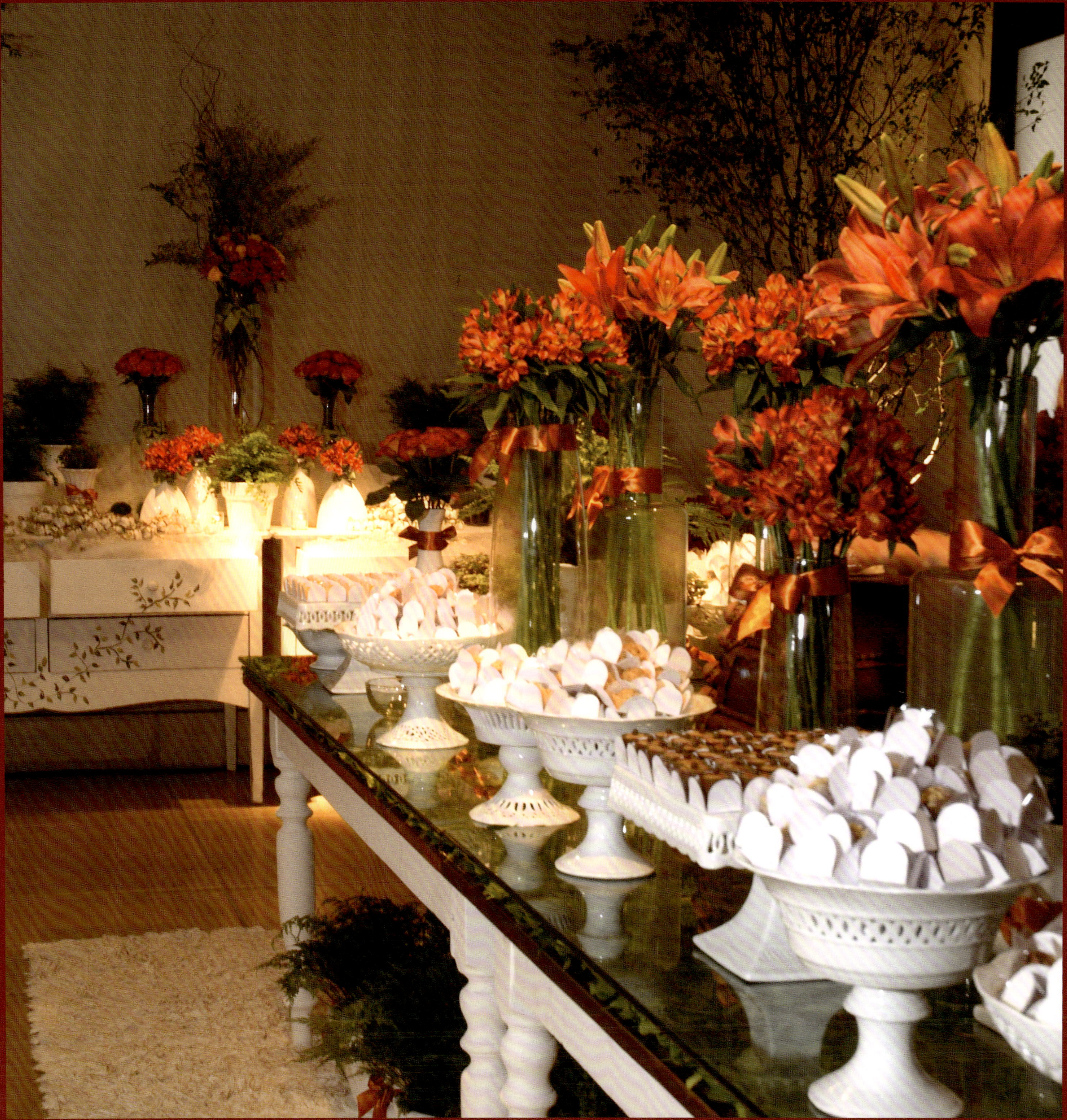

Clarice Mukai & Joel Matsuoka

No início do ano 2000, Joel Matsuoka voltava de uma temporada no Japão quando decidiu fazer uma parada em Londres e Paris. Na Inglaterra e na França se encantou pela arte dos floristas locais. O interesse foi tanto que ele se matriculou em um curso do mestre Kenneth Turner. De volta ao Brasil, se associou à sua tia, Clarice Mukai, que por mais de uma década atuava como paisagista e decoradora. Cheio de idéias, encaminhou a empresa familiar para o ramo da ambientação de festas.

Aos poucos, a dupla montou um belo acervo de objetos de luxo para decoração, tudo destinado à locação. "As flores são elementos importantíssimos no *décor*, mas creio que a estrutura de uma festa é garantida mesmo pelo mobiliário bem escolhido", analisa Joel. Mas não se iludam: os lindos arranjos e composições florais que ornamentam as festas decoradas por Joel Matsuoka e Clarice Mukai nunca passam despercebidos!

Fotos: Luísa Meyer

Ousada Composição

Um casamento realizado num espaço para festas, mas com cara de um encontro familiar. Essa era a missão de Clarice Mukai e Joel Matsuoka ao organizar esta bonita celebração.

O pátio interno onde acnteceu a cerimônia religiosa foi recheado de árvores de *ficcus* e buxinhos e a nave foi demarcada por cerâmicas verdes. Ao fundo, a *chupah* tinha cobertura de *voil* branco apoiado por toras de eucalipto.

Os convidados se sentavam em bancos sem encosto forrados com *futons* brancos. Por todos os lados e também do alto, muitas velas, de variados tamanhos e formas. Grande parte das plantas estava em vasos, que pareciam trazidos do jardim da casa dos noivos.

O salão principal tinha confortáveis poltronas e sofás brancos em *lounges* intimistas para pequenos grupos. A luz vinha de abajures, como em uma casa.

As mesas eram decoradas com castiçais de vidro e arranjos florais em pequenos *bowls* com avencas, hortênsias, rosas brancas, lisianthus, cravos, sementes de jurubeba e orquídeas.

As cores predominantes na decoração eram os tons de chocolate, branco e verde.

À saída, duas mesas e um aparador com tampos espelhados com lindas orquídeas demphalis, orquídeas "sapatinho" na cor chocolate e tulipas, ofereciam delícias como brigadeiros crocantes, pirâmides de bem-casados e docinhos de ovos caramelados com amêndoas, dispostos em elegantes travessas e pratos de cristal bico-de-jaca.

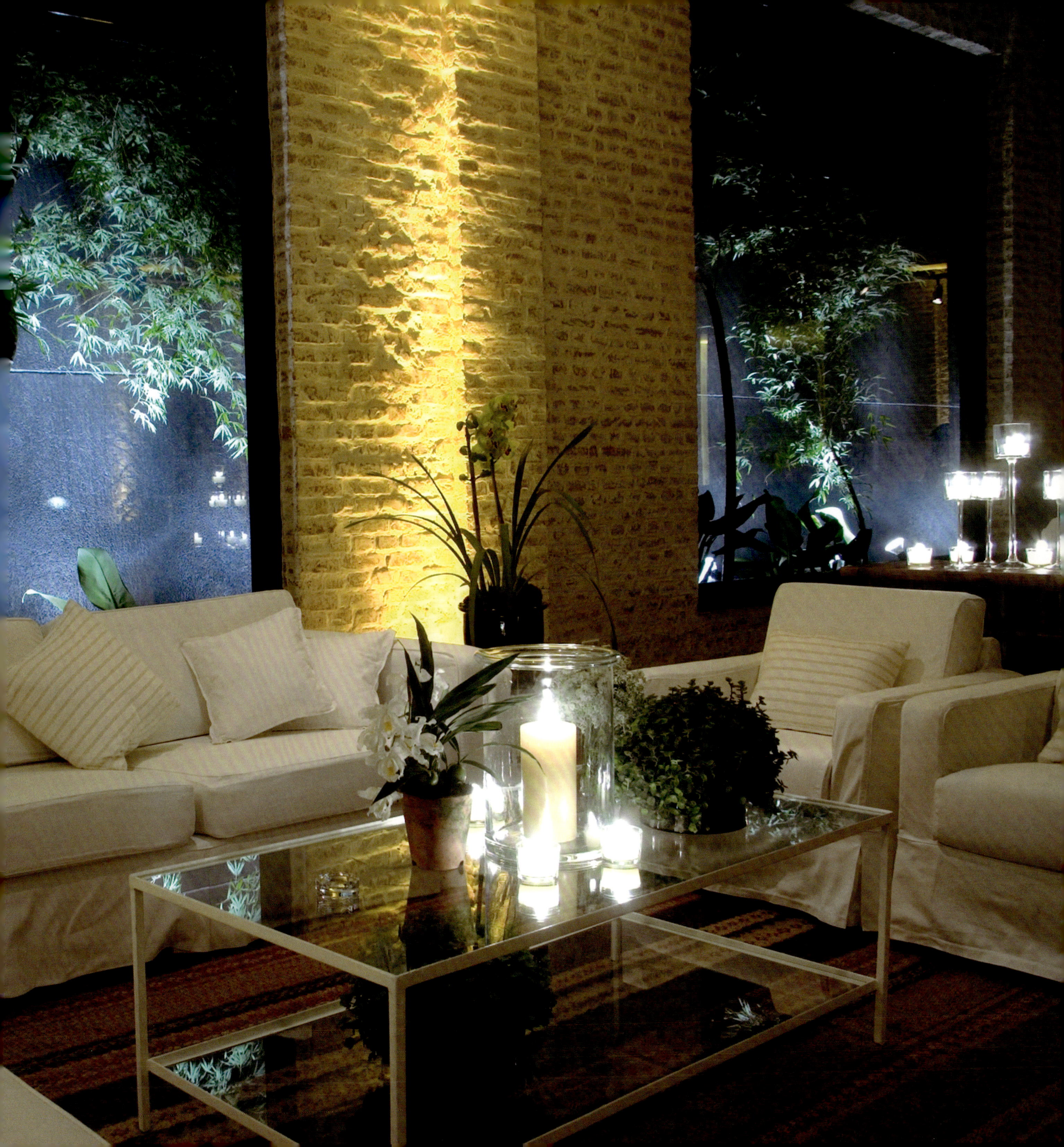

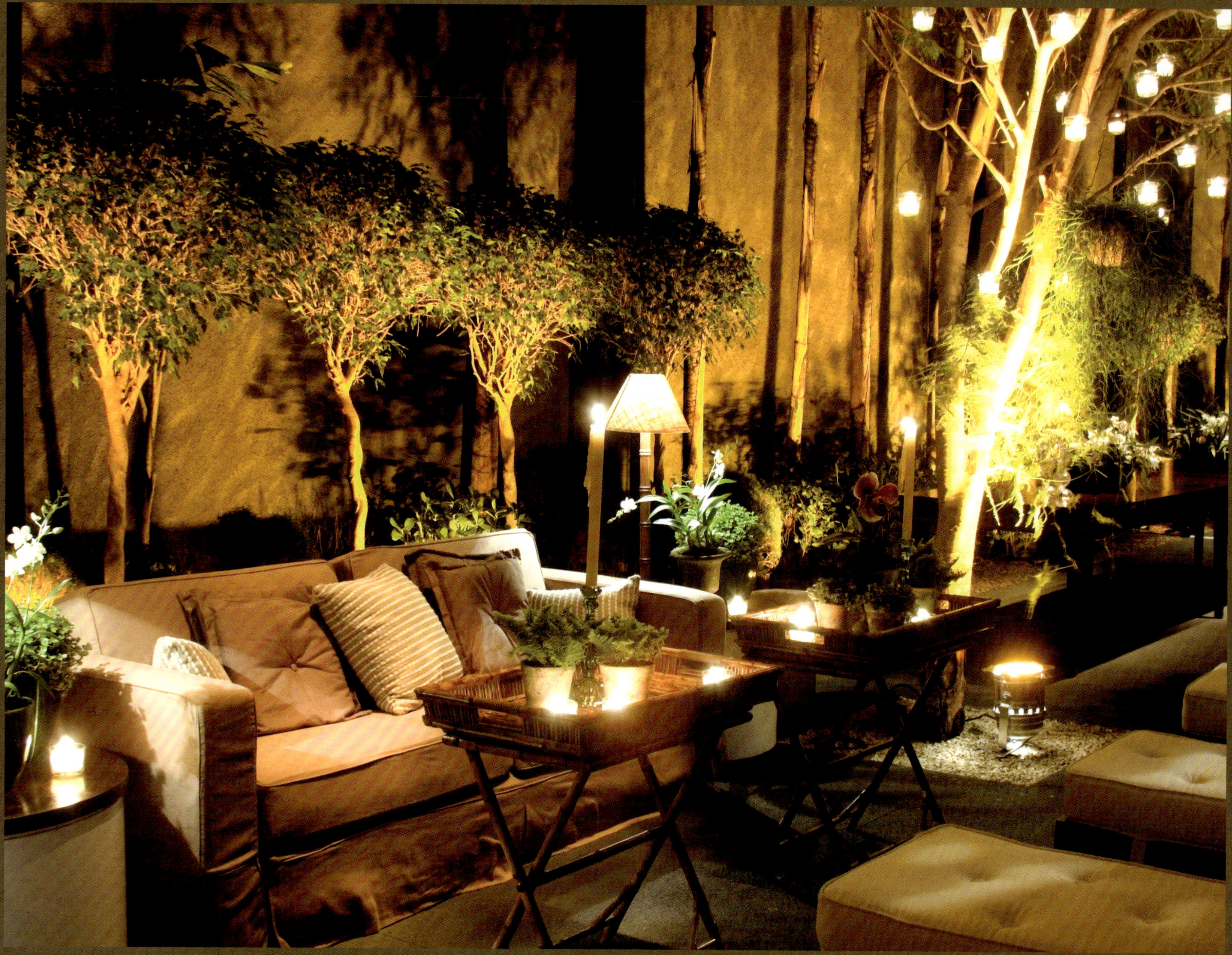

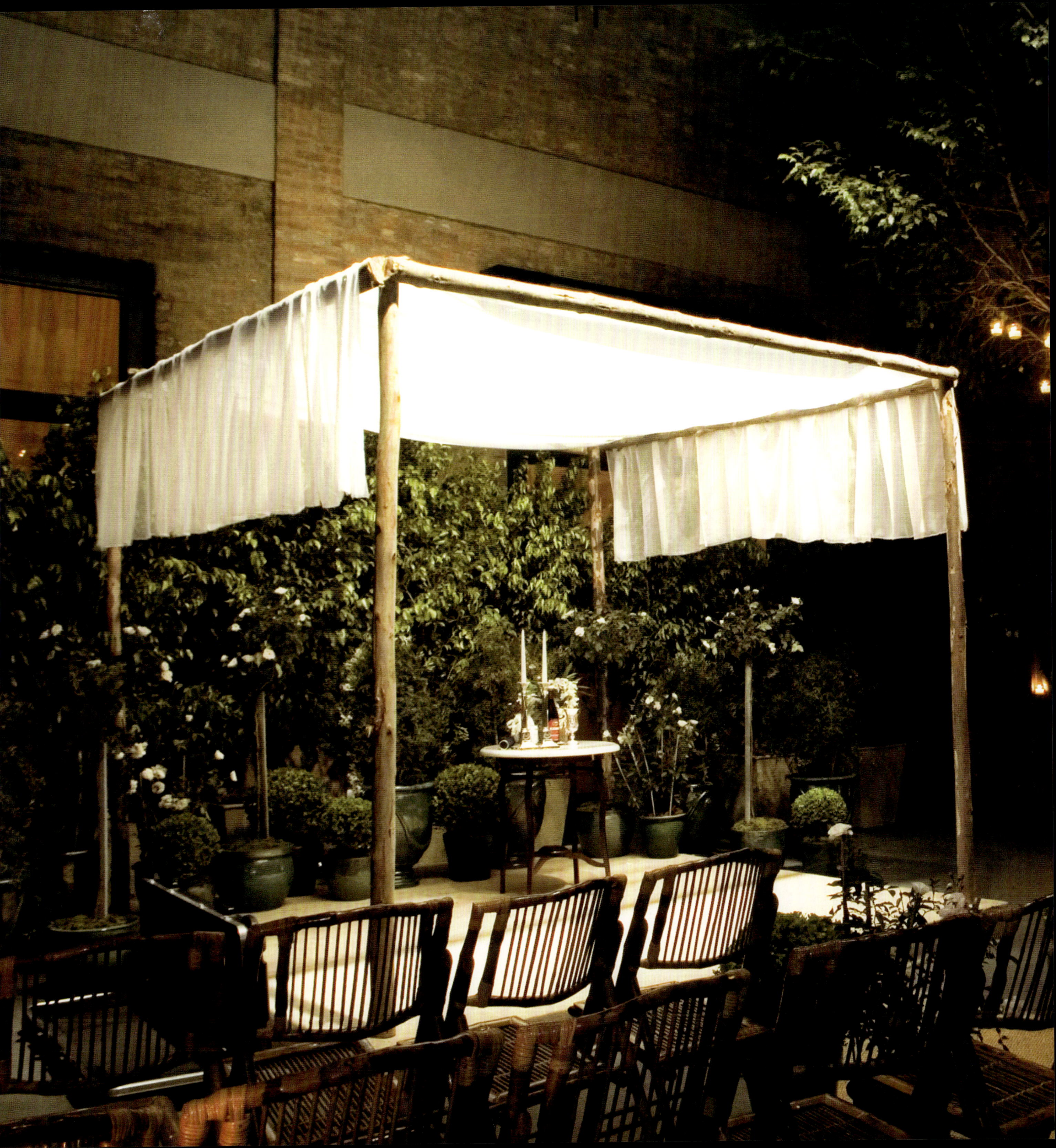

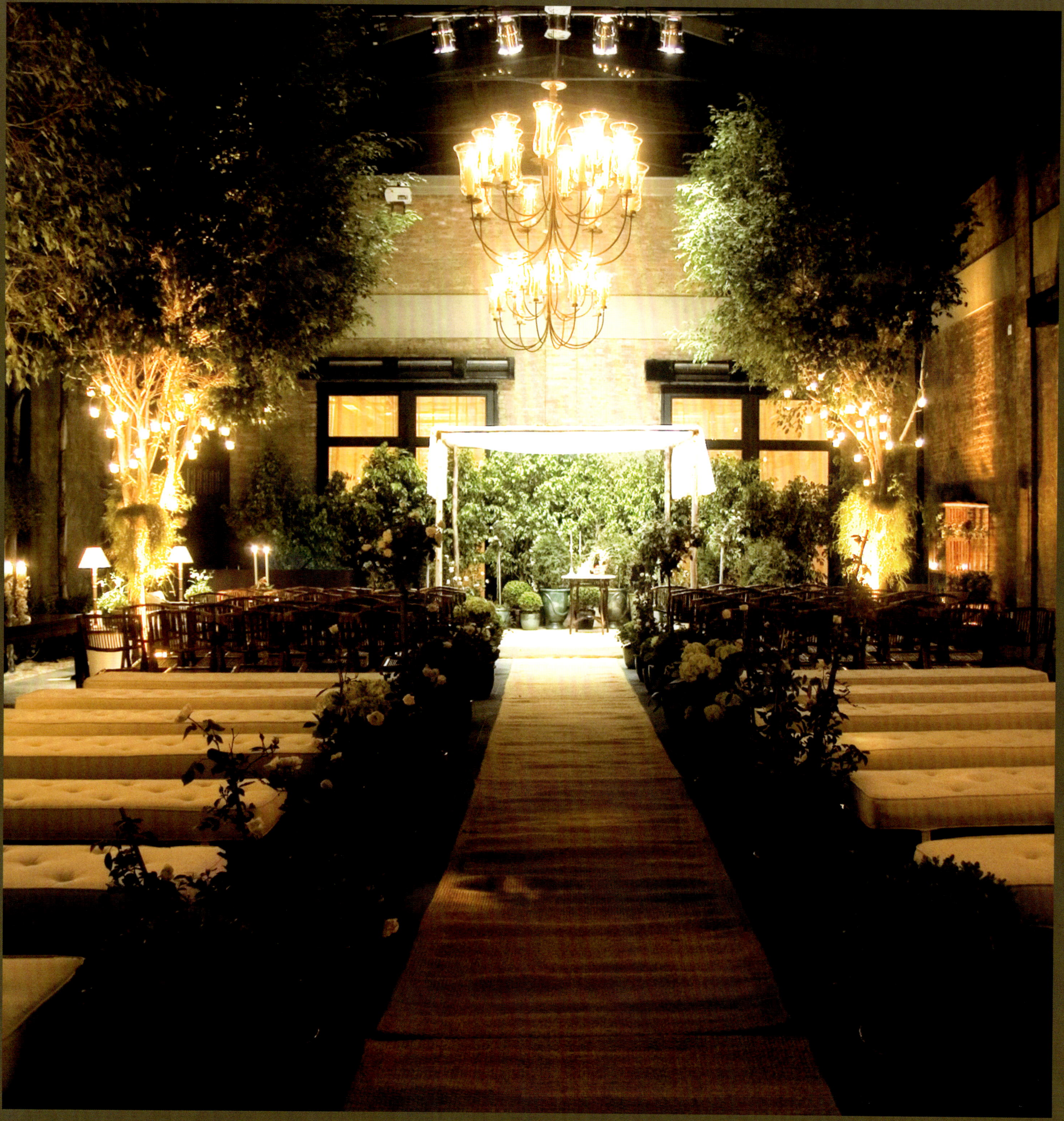

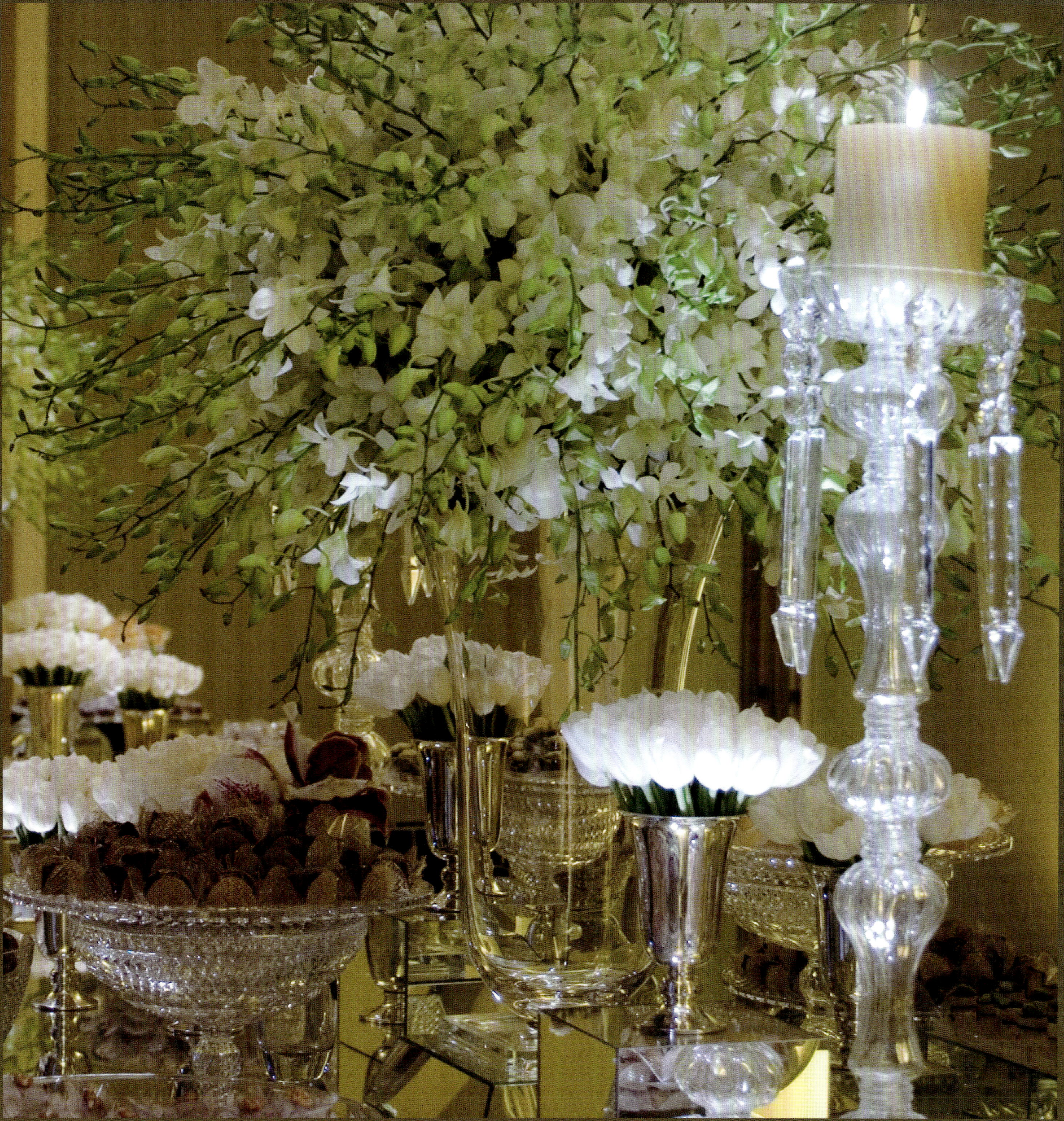

Cristiane Pileggi

No início dos anos 80, uma aplicada aluna da Faculdade de Arquitetura e Urbanismo da USP surpreendeu seus familiares e amigos ao decidir usar sua prancheta para projetar festas infantis ao invés de grandes obras e construções. Foi assim que Cristiane Pileggi começou a atuar no mercado de eventos. Mas foi só depois de conquistar a atenção da mídia com seu talento que seu trabalho passou a ser mais respeitado e reconhecido por seus colegas de faculdade e sua família.

Hoje ela comanda uma eficiente empresa que assina animadas festas de 15 anos, bar e *bat mitzvahs*, além de casamentos e outros tipos de evento. "Não sou apenas uma florista, sou decoradora e organizadora de eventos. Com meus 25 anos de experiência, minha formação de arquiteta e uma boa conversa com a dona da festa, chego a um salão vazio e instantaneamente já visualizo o evento todo. É algo intuitivo."

Fotos: Beto Mellão

Cinematográfica

Para celebrar seu *Bat Mitzvah* e seu 12º aniversário, a dona da festa escolheu um tema que adora: o cinema. Desde a entrada, pôsteres, bilheteria, claquetes e outros elementos já introduziam os convidados nesse universo "hollywoodiano". Enquanto eles passavam por um tapete vermelho, *paparazzis* faziam fotos.

No salão principal, os *lounges*, os bufês, o bar de sucos e o *house mix* do DJ foram forrados com negativos de filmes com cenas em que o rosto da aniversariante aparecia como a atriz principal.

No centro da pista de dança, cujo piso foi adesivado com estrelas douradas, ficou posicionada a *menorah*, para a cerimônia das velas. Após os rituais religiosos, a festa tornou-se uma grande balada.

Havia uma área para os jovens e outra, mais sóbria, com mesas redondas, cobertas com toalhas vermelhas e decoradas com buquês de rosas, rodeadas com cadeiras douradas, para os adultos.

No pátio externo, a mesa de doces foi montada sobre um piso elevado redondo. Esse conjunto todo era contornado por rolos de filme, cubos de espelhos e peças de vidro, além de muitas flores. No centro, erguia-se uma estatueta dourada do Oscar. Do teto, feixes de luz giravam e cruzavam o salão como se aquela fosse a noite de estréia de uma superprodução.

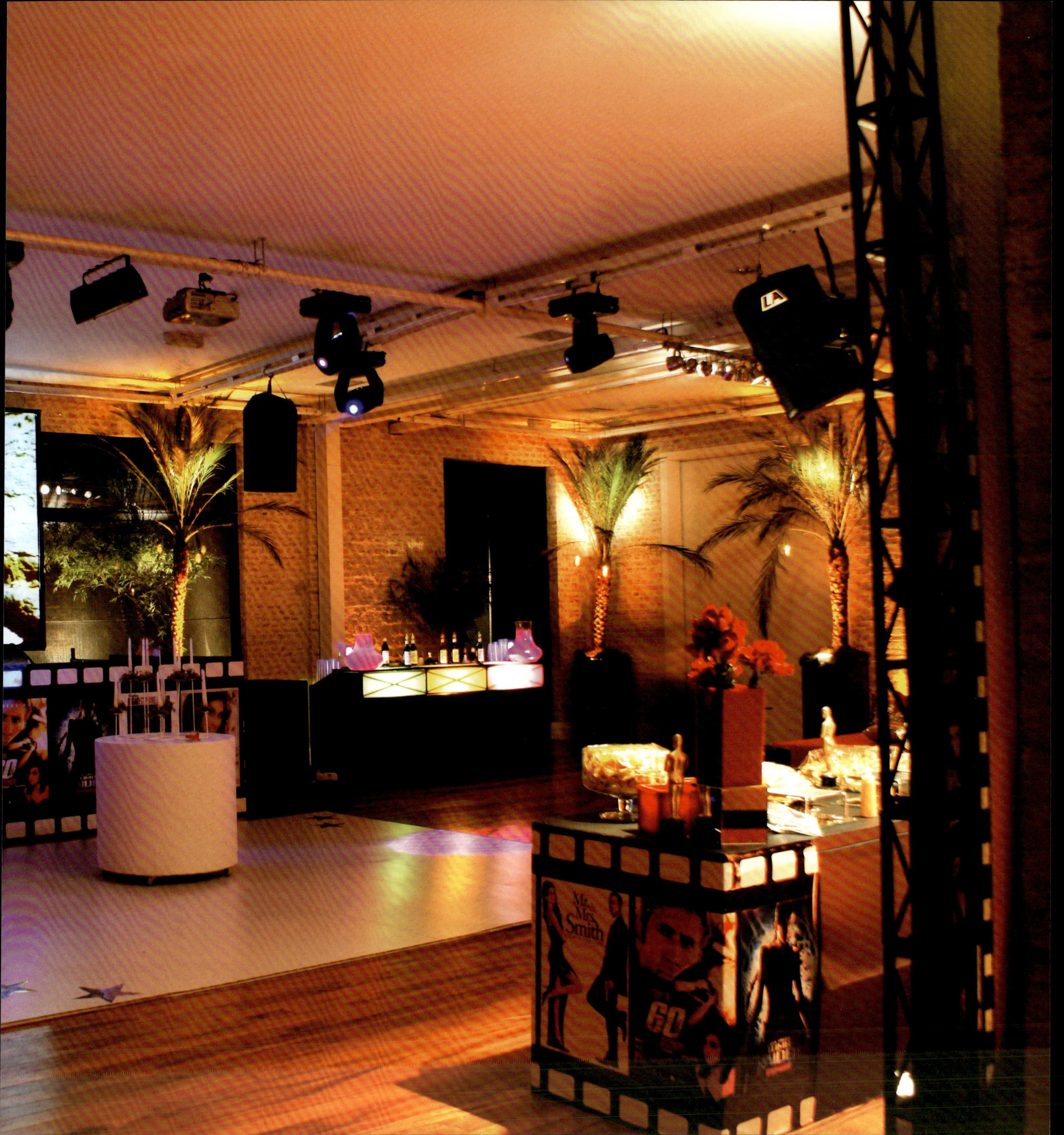
LA
Mr.
Mrs.
Smith

EST FRIEND'S
60
Mr. & Mrs. Smith
NOW IN THEATRES
VENCEDOR DE 4 OSCAR
MELHOR FILME
MENINA DE OURO
DVD

THE PATRIOT
INCLUDES 4 Featurettes, Deleted Scene and Director's Commentary
KEANU REEVES
LAURENCE FISHBURNE
MATRIX

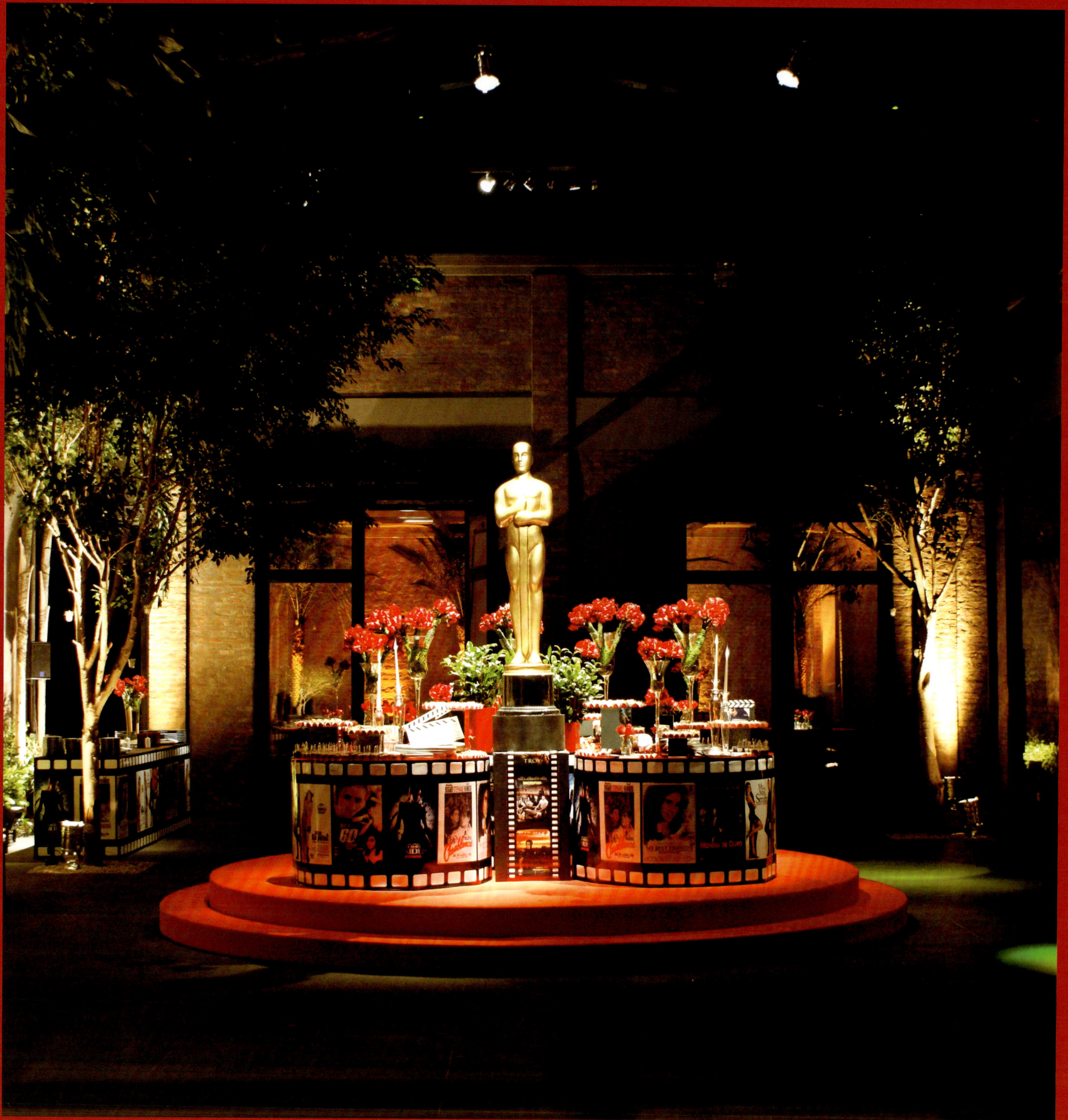

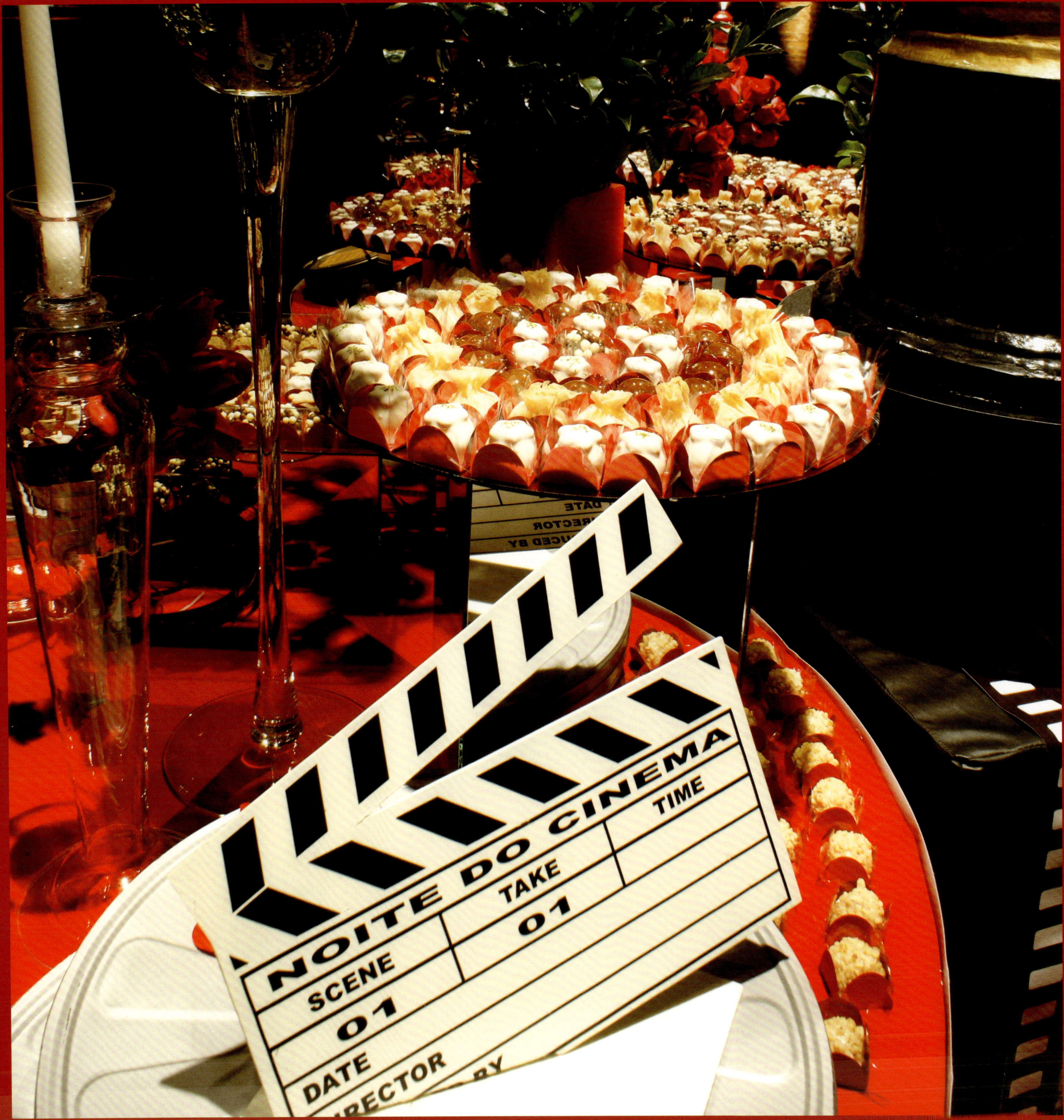
NOITE DO CINEMA
SCENE
TAKE
TIME
01
01
DATE

Fabio Mariutti

Antes de ingressar na faculdade de arquitetura, Fabio Mariutti desenhava para o escritório do consagrado José Duarte Aguiar. Como calouro do Mackenzie, aos 18 anos foi trabalhar com Germano Mariutti e logo tornou-se sócio do tio. "Ele confiou em mim e sentia-se à vontade para viajar e me deixar no comando do escritório. Tive muita sorte na minha iniciação profissional".

A sociedade com Germano Mariutti durou dez anos. Desde 1985, Fabio segue uma bem-sucedida carreira solo. Adepto do lema "menos é mais", trabalha sozinho e conta com a colaboração de consagrados floristas e outros fiéis fornecedores.

Hoje, aos 51 anos, Fabio tem em sua carteira de clientes diferentes gerações de algumas das mais tradicionais famílias paulistanas. Quantos casamentos ele já assinou? "Mais que 100 e menos que 500", desconversa o bem-humorado e talentoso decorador.

Fotos: Luísa Meyer

Despretensiosa e Chique

A configuração do espaço onde foi realizada a cerimônia religiosa desse casamento teve uma inusitada decoração a pedido da noiva, que queria uma cerimônia bem descontraída.

Ao invés de serem acomodados em filas de bancos ou cadeiras, os convidados ficavam em *lounges*. A noiva entrou no gazebo por uma nave delimitada por pequenos aparadores e árvores posicionadas em grandes *cachepots*.

Lustres forrados com folhagens verdes e tapetes persas completavam a ambientação, dando ao pátio interno um clima sofisticado e chique, mas bem mais informal e descontraído do que o normal.

Fábio optou por levar esse conceito utilizado no pátio interno também para os demais ambientes da festa. A idéia de jardim com paredes em folhagem, árvores e arranjos com laranjinha kinkan e limão siciliano foi replicada pelos outros *lounges*, que se abriram para os convidados ao final da bênção dos noivos.

A iluminação tênue, os móveis de madeira escura e as almofadas com uma estampa floral em tons de cru e verde reforçavam o clima de festa intimista e chique, sem excessos e elementos rebuscados.

A sala da mesa de doces estava especialmente linda, com guirlandas de folhas e flores e os saborosos quitutes dispostos em requintados pratos altos e com formas bem branquinhas, sobre uma mesa projetada especialmente para esta ocasião, com duas grandes árvores de laranjinha kinkan. Sobre um aparador antigo foram dispostos os bem-casados.

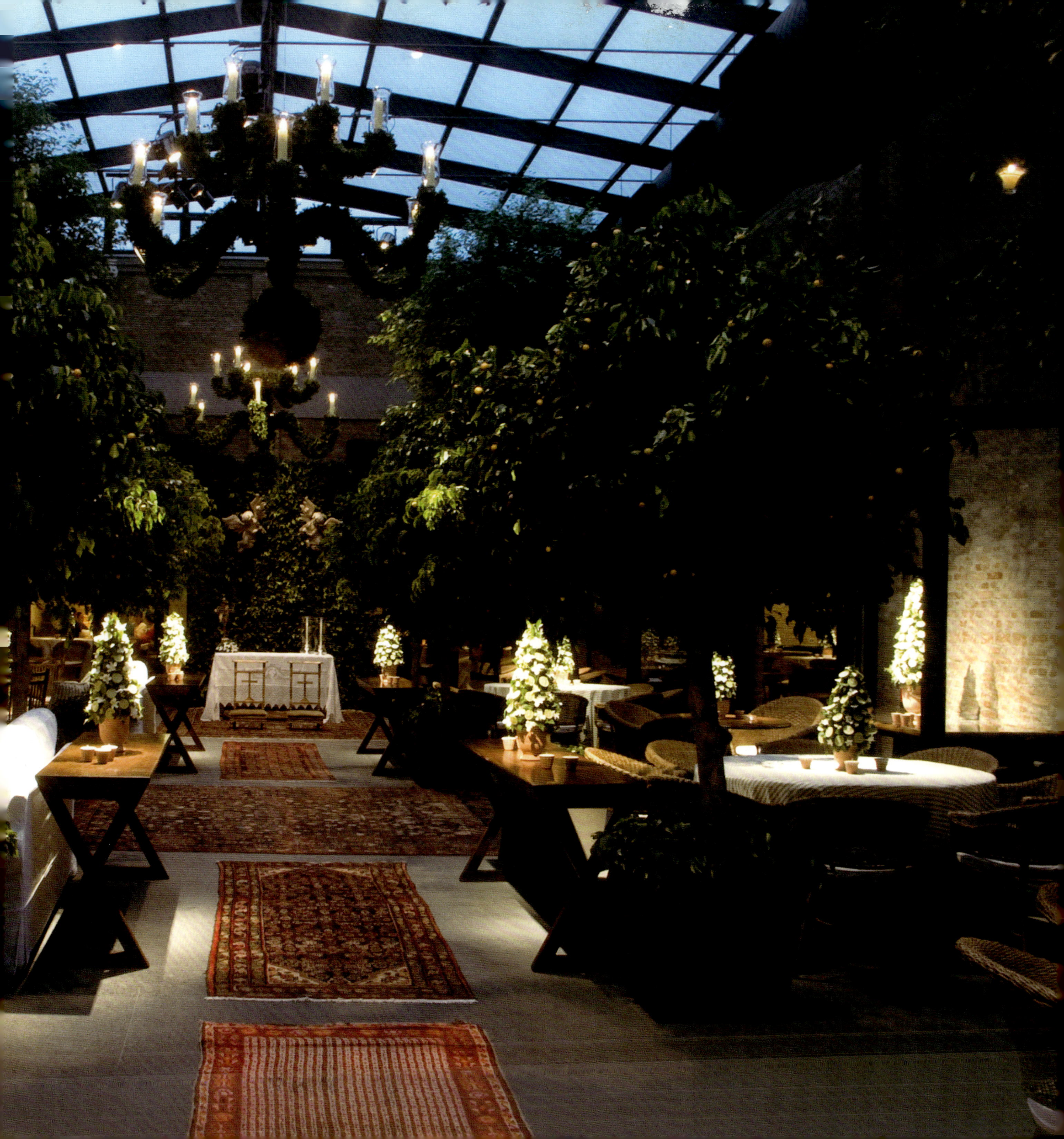

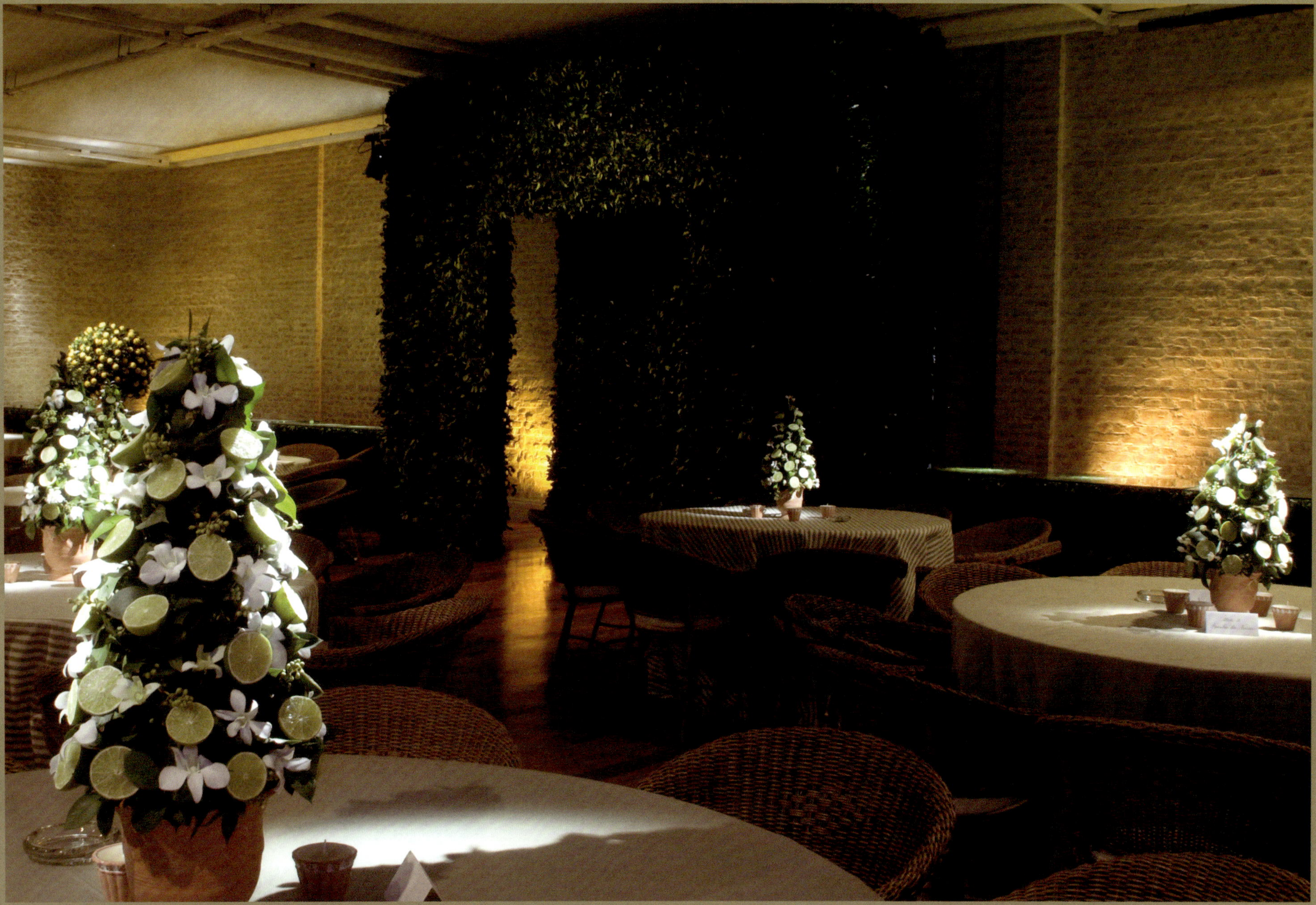

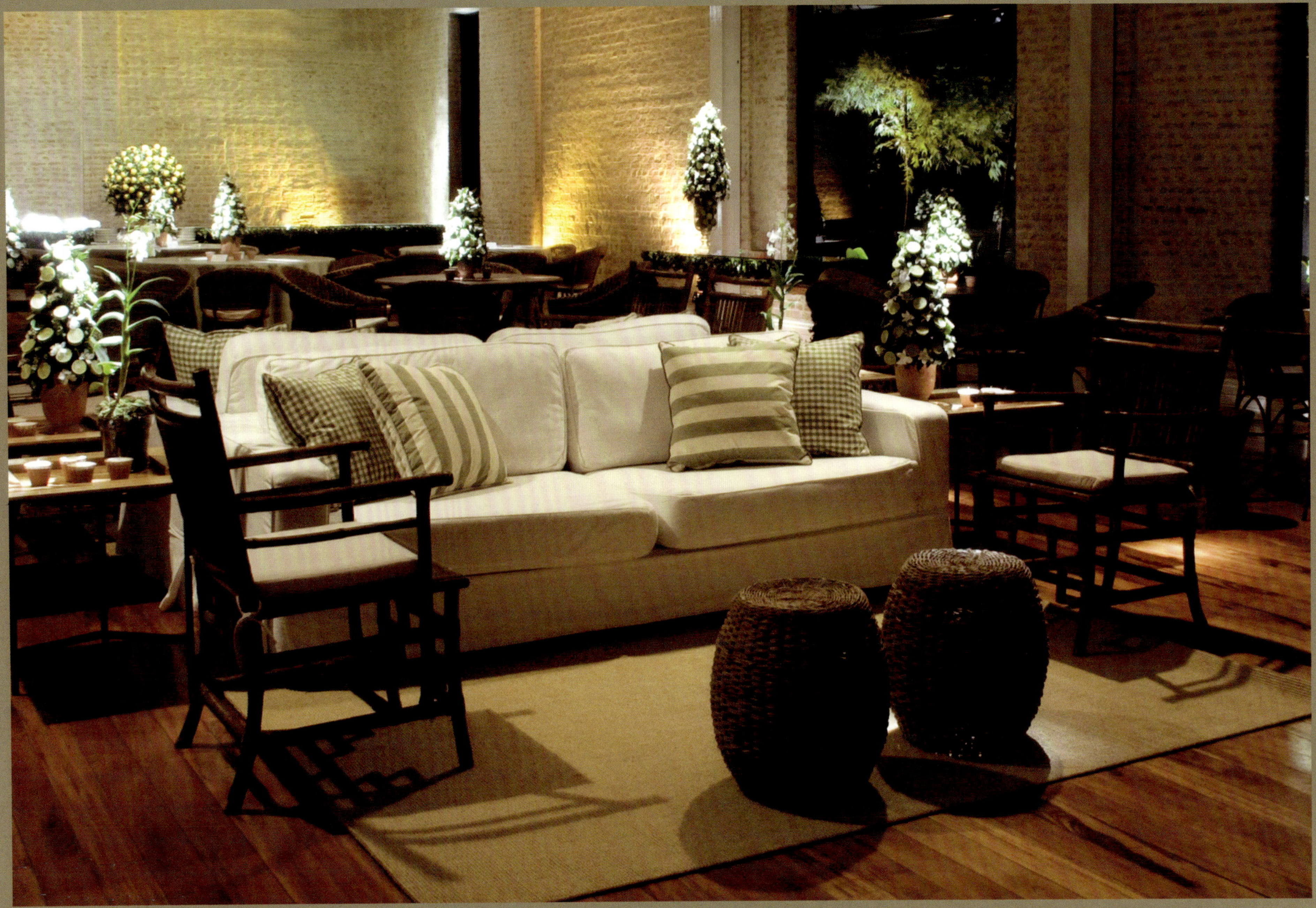

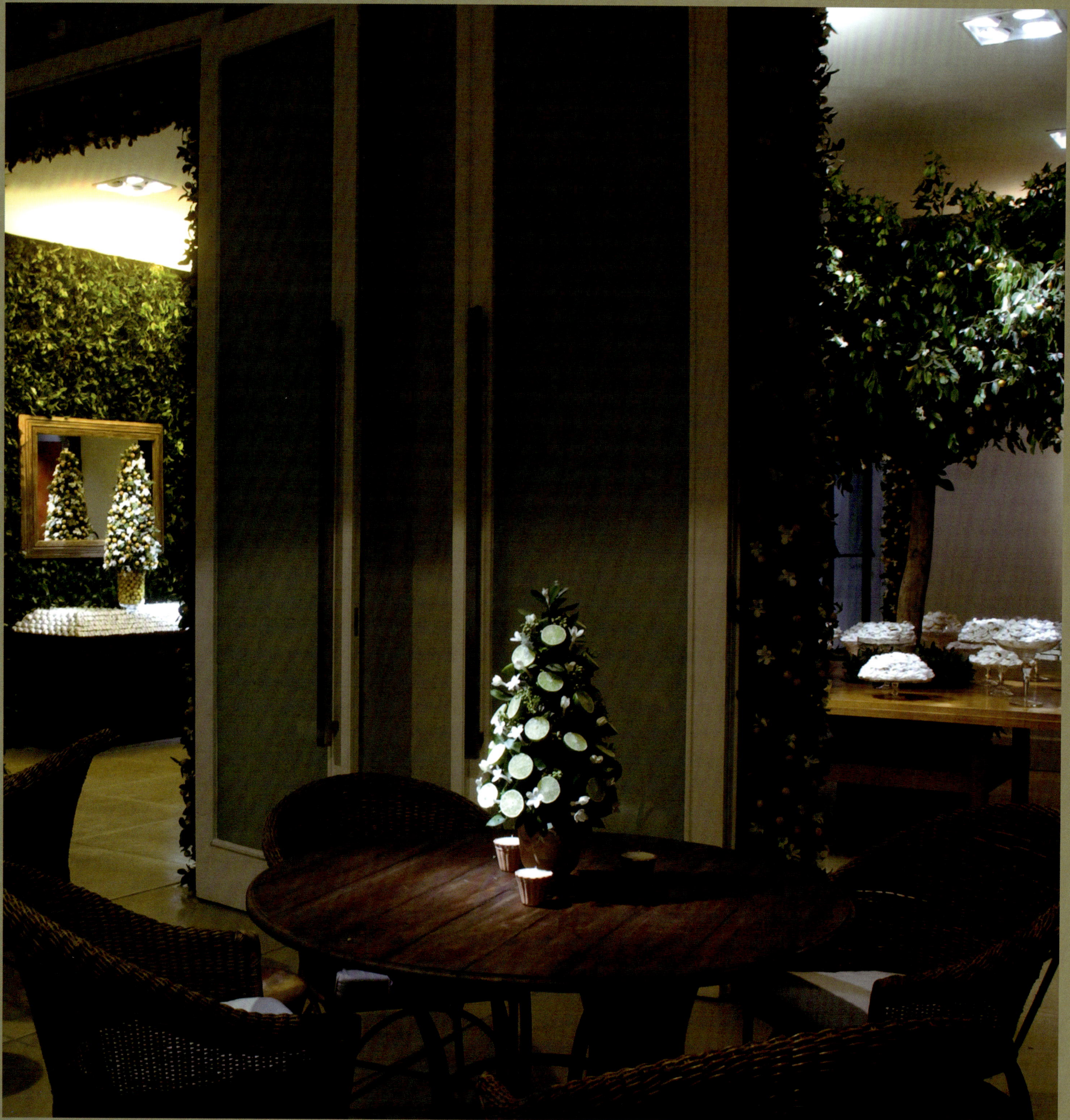

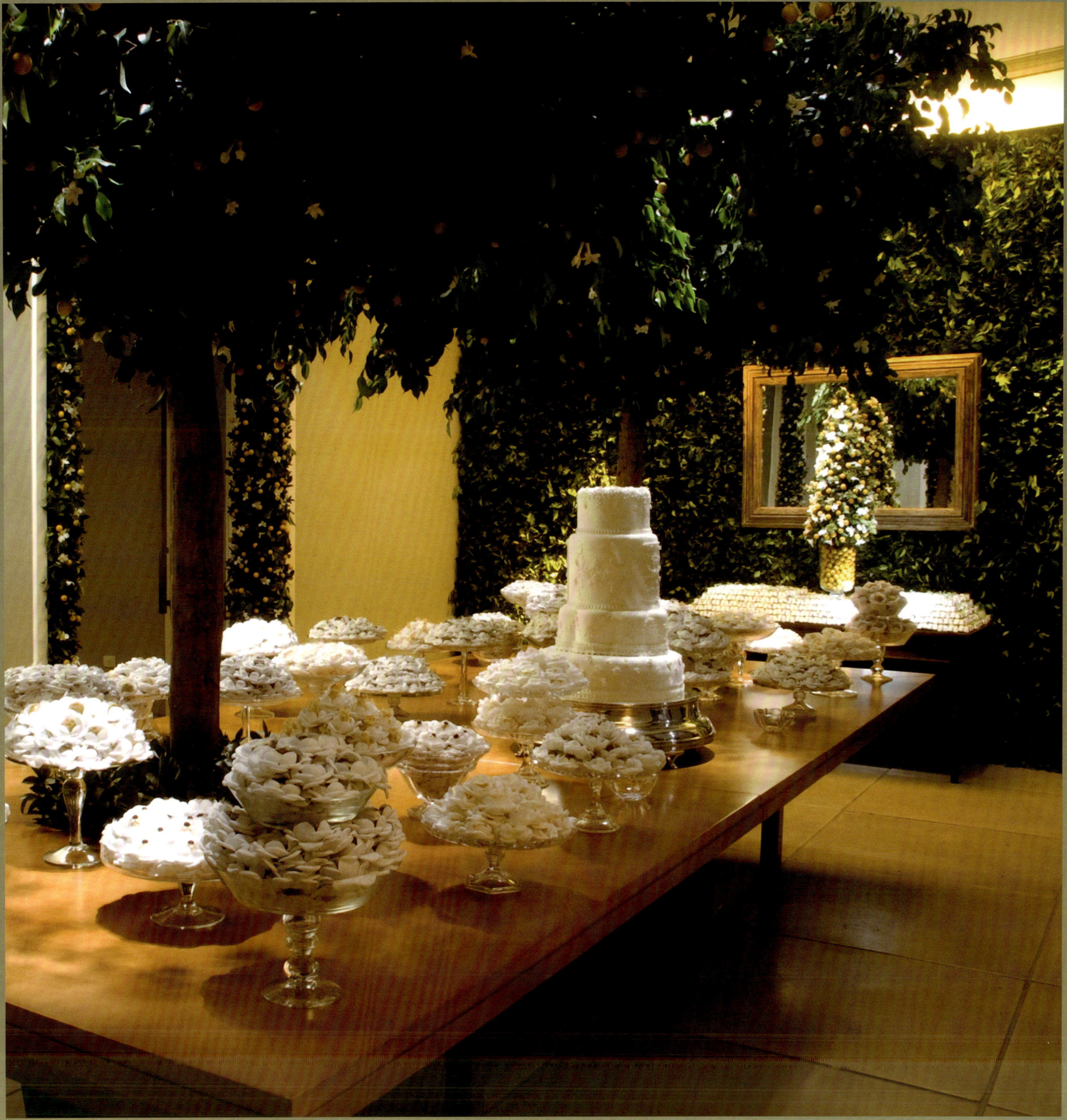

Feijó

Quando criança, Feijó amava o Natal. Além dos presentes e da família reunida, o garoto adorava escolher um pinheirinho e levá-lo para a casa de sua avó Isabel, onde enchia a árvore com bolas e enfeites para a noite mais importante do ano.

Na hora do vestibular, Garcy Feijó Neto optou pelo curso de engenharia. Durante os estágios, preferia checar os acabamentos a verificar as fundações das obras. Depois, quando seus colegas de faculdade seguiram para construtoras e grandes empreiteiras, ele foi para um escritório de decoração, do qual se tornou sócio. "Minha ligação com a estética sempre foi muito forte, não teve jeito".

Após anos atuando como *designer* de interiores, descobriu em 2002 esse segmento de festas e se especializou na criação de cenários para eventos sociais. Hoje, com 37 anos e plenamente realizado como profissional, ele ainda ama o Natal – em especial a produção da festa!

Fotos: Sergio Luiz Jorge

Jardim de Sonhos

A idéia para esta festa de 15 anos era criar um espaço inspirado na natureza através de recursos visuais como a água, a iluminação com velas, o uso de móbiles e outros elementos.

O tom predominante das flores era o lilás, que era valorizado pelo contraste com as abundantes folhagens verdes.

O *hall* de entrada recriava um bosque com vasos de *ficcus* e buchinhos; no pátio interno, foi montado um "jardim encantado", com um espelho de água de forma irregular no centro, cheio de plantas aquáticas e velas flutuantes. Do teto, fios de *nylon* fixavam peças de vidro com velas, flores e gotas de cristais. Bolhas de sabão eram sopradas ali dando movimento e vida a esse ambiente.

Os *lounges* tinham móveis brancos, cadeiras de *rattan* e mesas de vidro, peças que se integravam perfeitamente às folhagens, que ora apareciam no chão, ora nas paredes ou mesmo no teto.

A pista holográfica foi posicionada no centro do salão. A entrada da aniversariante foi feita através de uma rampa ladeada por orquídeas, brincos-de-princesa e folhagens.

No *hall* nobre, imagens eram projetadas em sincronia com a música e, neste mesmo espaço, foi montado um jardim com árvores e arbustos. Nos galhos dessas plantas foram fixados doces e chocolates.

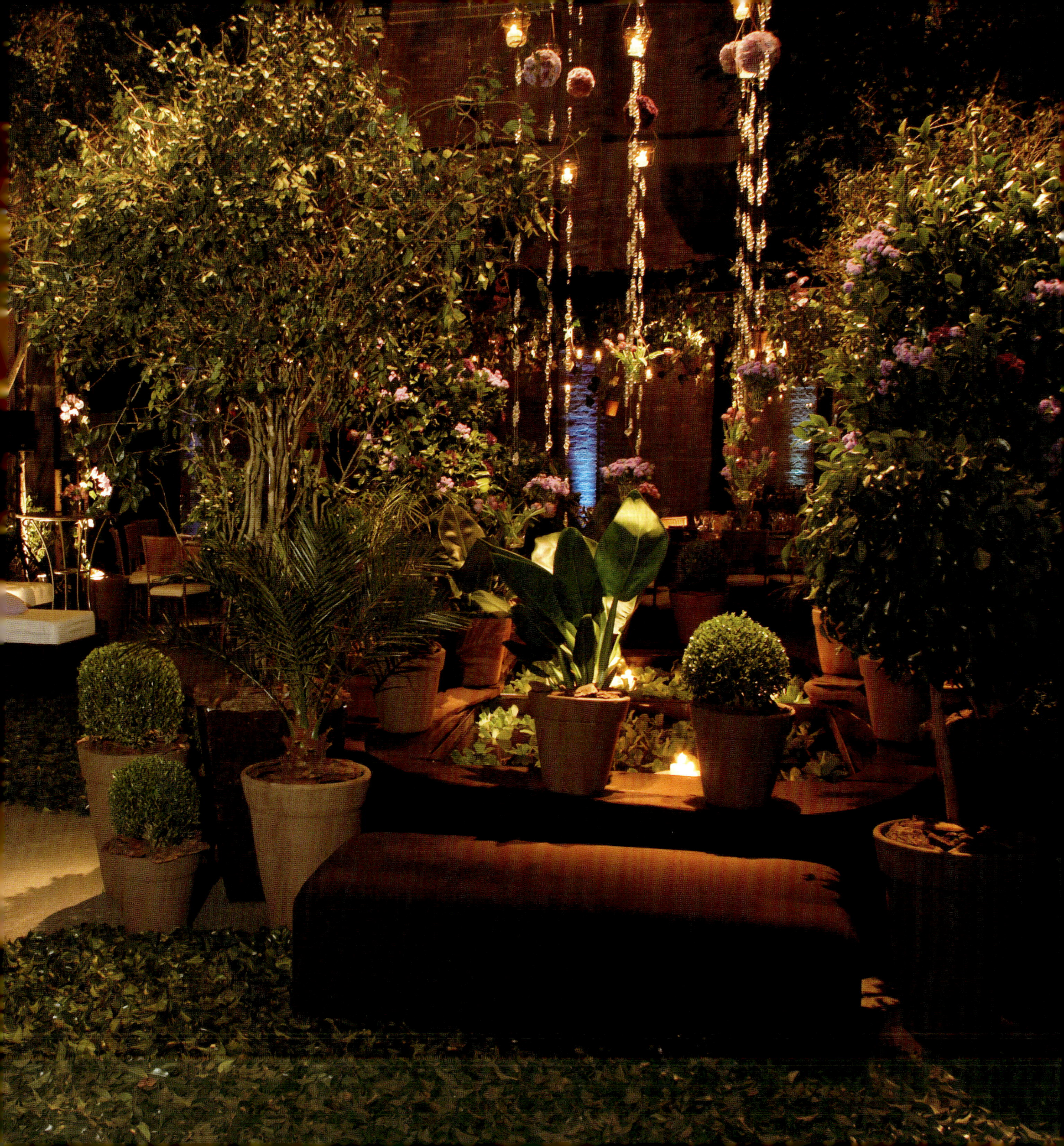

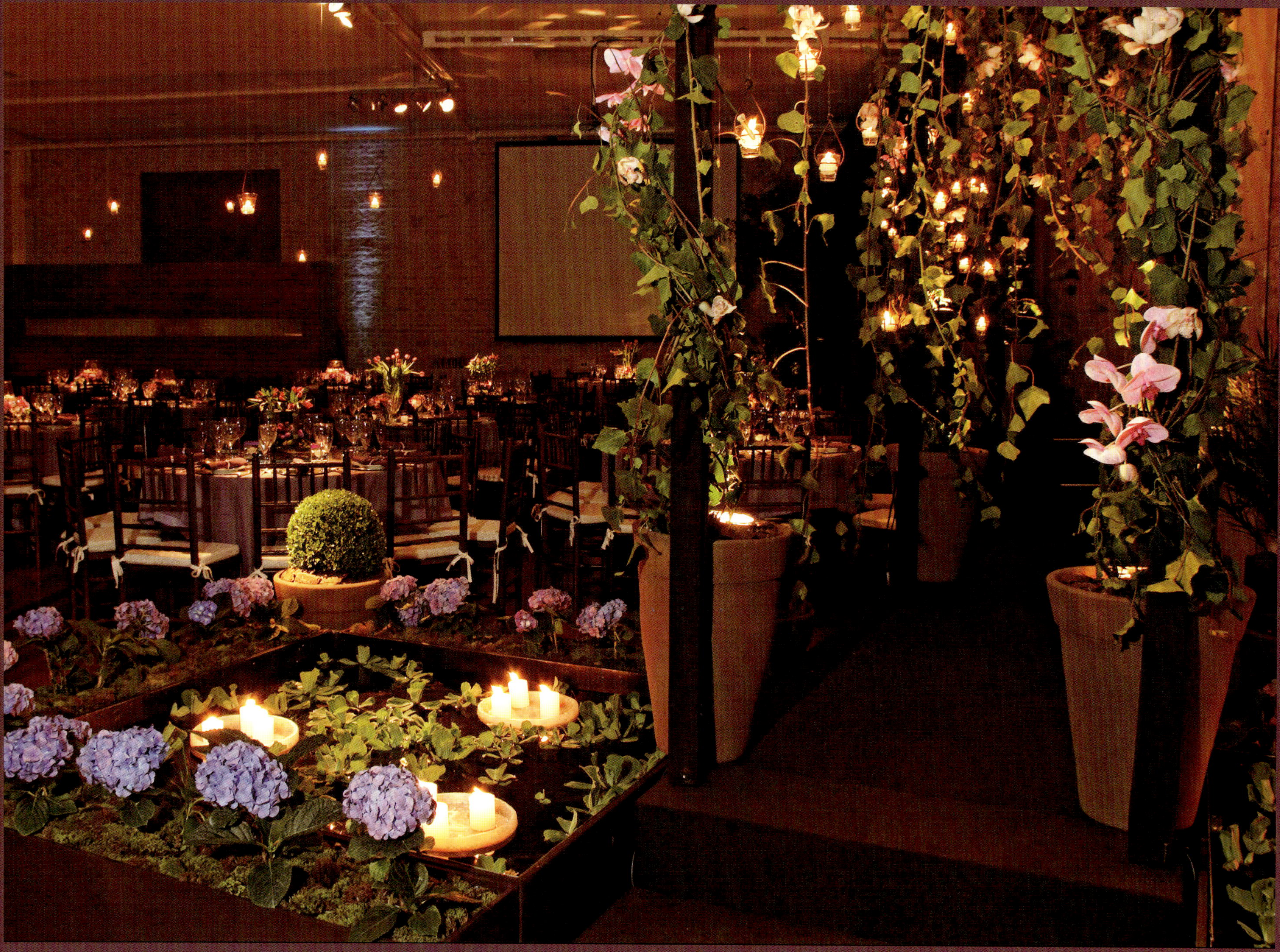

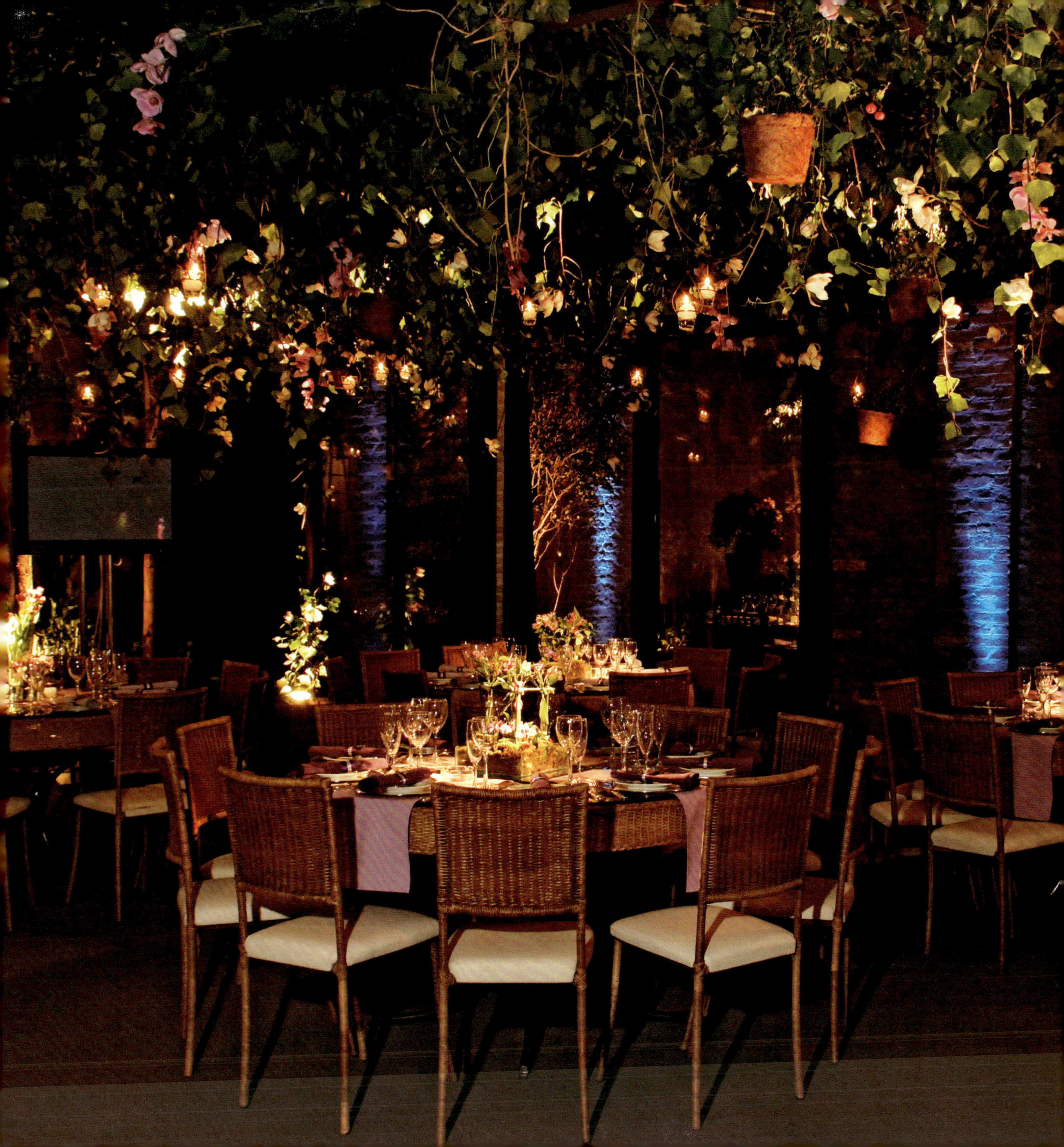

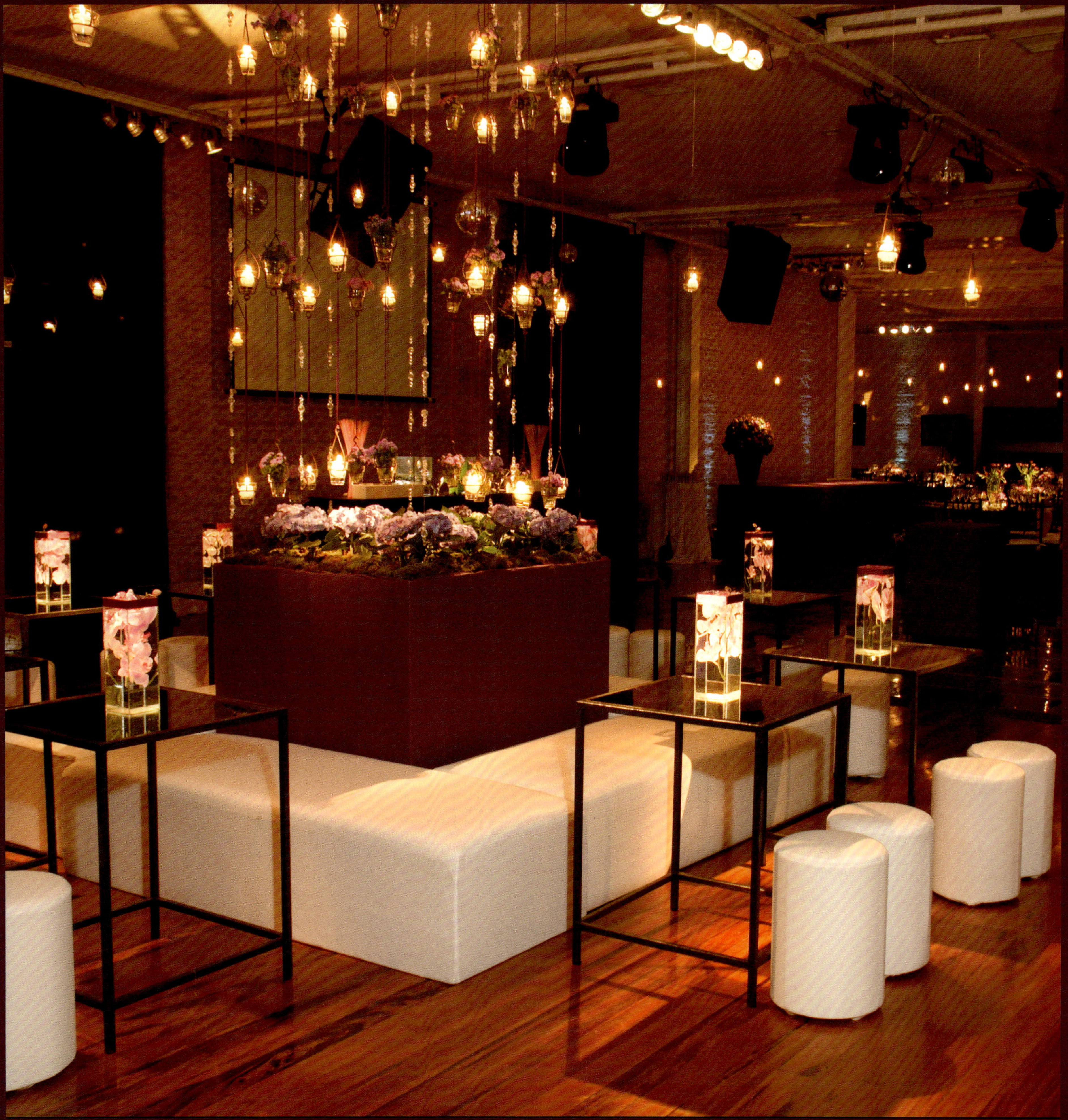

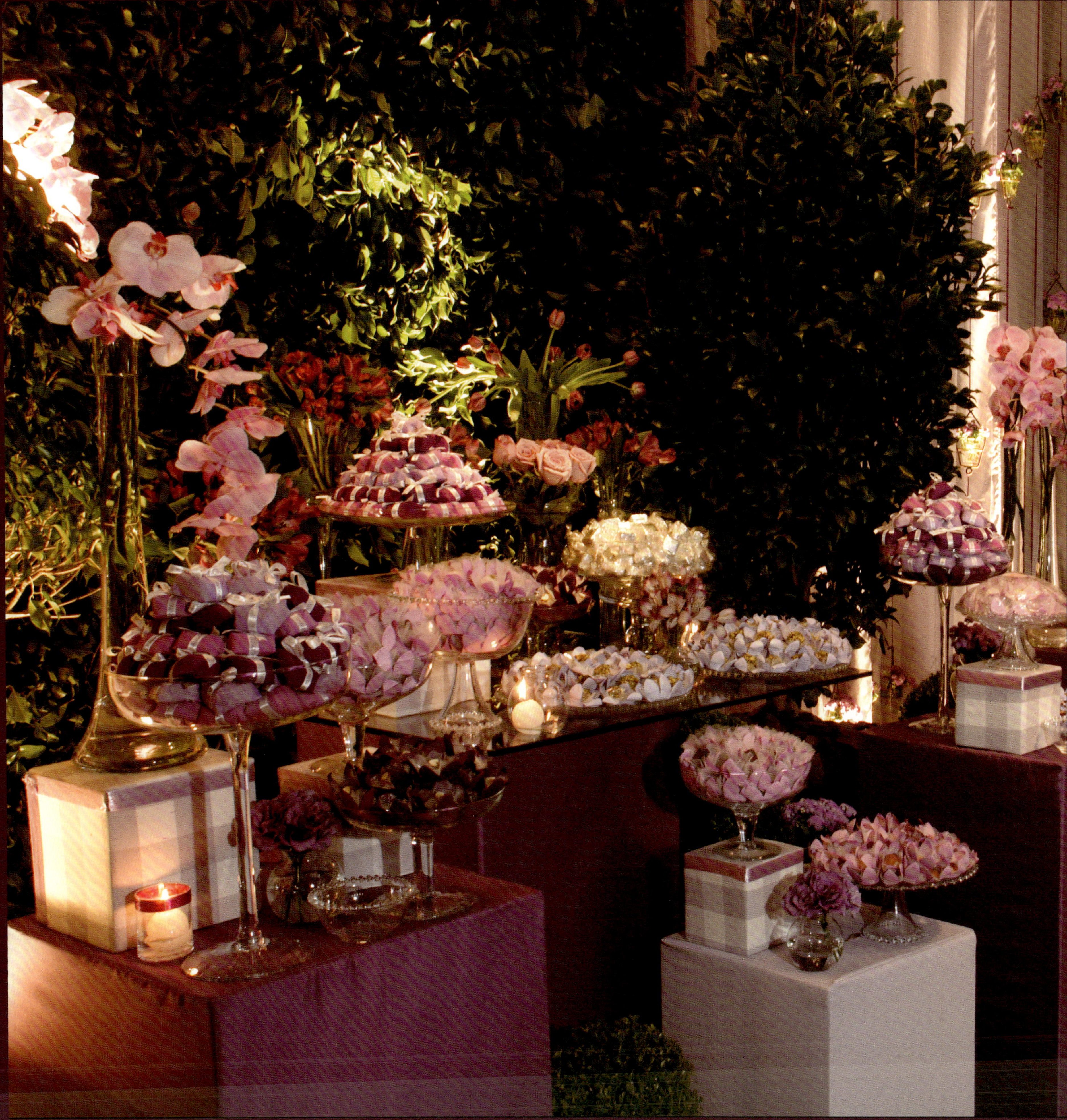

Felippe Crescenti

Conhecido internacionalmente por seu trabalho no teatro e no cinema, Felippe Crescenti também se notabilizou pela concepção de cenários para alguns eventos memoráveis em São Paulo. Formado em arquitetura pela FAU-USP, ele foi o set designer de filmes como O Beijo da Mulher Aranha, de Hector Babenco, e Asa Branca - Um Sonho Brasileiro, de Djalma Limongi Batista. No teatro, fez a cenografia de premiados espetáculos como Sonho de Valsa, Gilda, Um Sopro de Vida e Salomé, entre outras tantas.

Felippe alia criação, muito bom gosto e uma incrível limpeza visual em seus projetos. Com a mesma desenvoltura, ele assina o décor de um baile de gala da revista Vogue, a ambientação de um sofisticado clube noturno, a arquitetura de uma moderna loja de jeans, a cenografia de um evento corporativo ou a decoração de um luxuoso casamento.

É de sua autoria a festa que ilustra a capa deste livro.

Fotos: Wanderlei Foca

Luz e Cor

Duas amigas inseparáveis. Dois aniversários comemorados juntos.

Um mesmo desejo: uma festa jovem, dançante e alegre.

A arquitetura moderna do lugar propiciou ao cenógrafo a criação de um ambiente mutante, usando elementos estruturais e efeitos de luz.

Prata e branco eram as cores predominantes no mobiliário, objetos e arranjos. A luminotécnica teve papel importante no cenário, pois, com a mudança da tonalidade da luz, os espaços ganhavam nova atmosfera.

No lugar dos tradicionais arranjos, Felippe Crescenti optou por intervenções com árvores e galhos secos, pintados com esmalte fosco branco, formando ninhos nos centros das mesas com tampo de espelho que duplicavam a imagem do arranjo.

Usou cortinas leves e painéis brancos, do piso ao teto, formando losangos de veludo com cordão de seda. Já o jardim, onde ficaram os *lounges*, foi valorizado pela iluminação e pelos móveis de linhas retas.

No espaço dos jovens, a opção foi por grandes bancos revestidos de veludo branco colocados de forma a criar longos planos de assento com almofadas sobrepostas em tecido prata-fosca. Já para o salão, onde ficaram os adultos, Felippe Crescenti usou confortáveis poltronas de estilo.

Várias seqüências de "velas" suspensas de gel transparente formavam "linhas de fogo" sutis por todo o ambiente da festa.

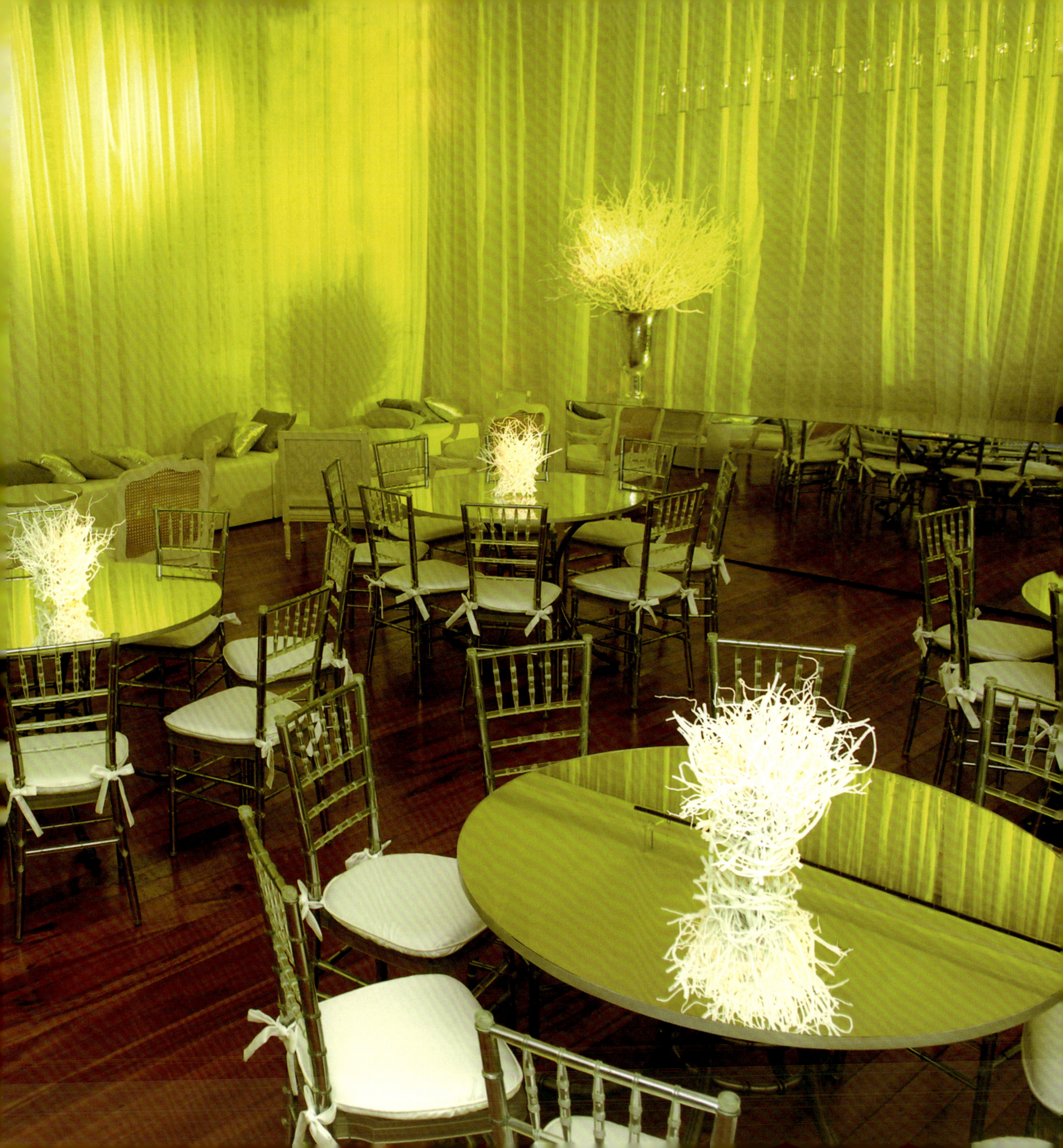

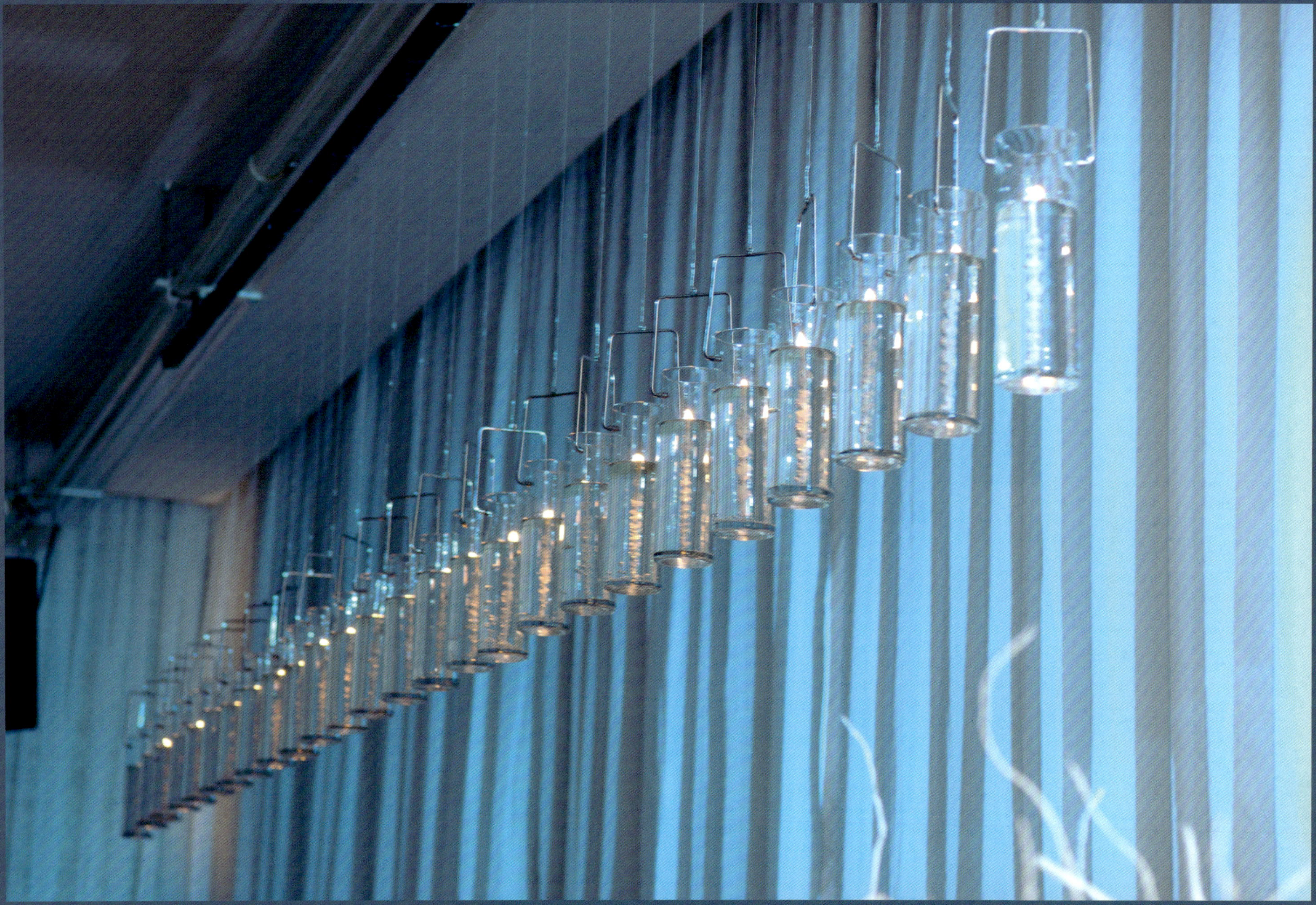

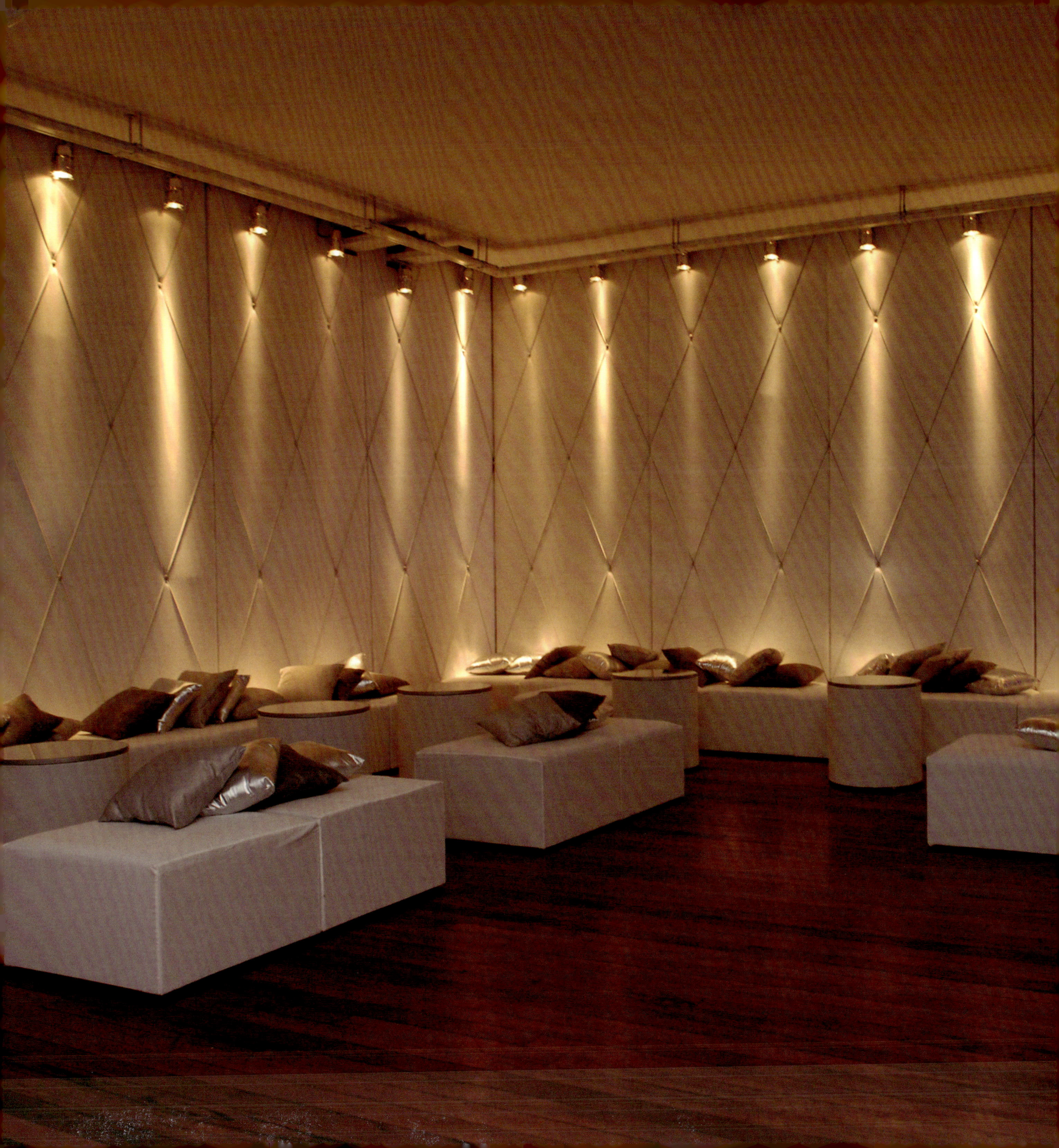

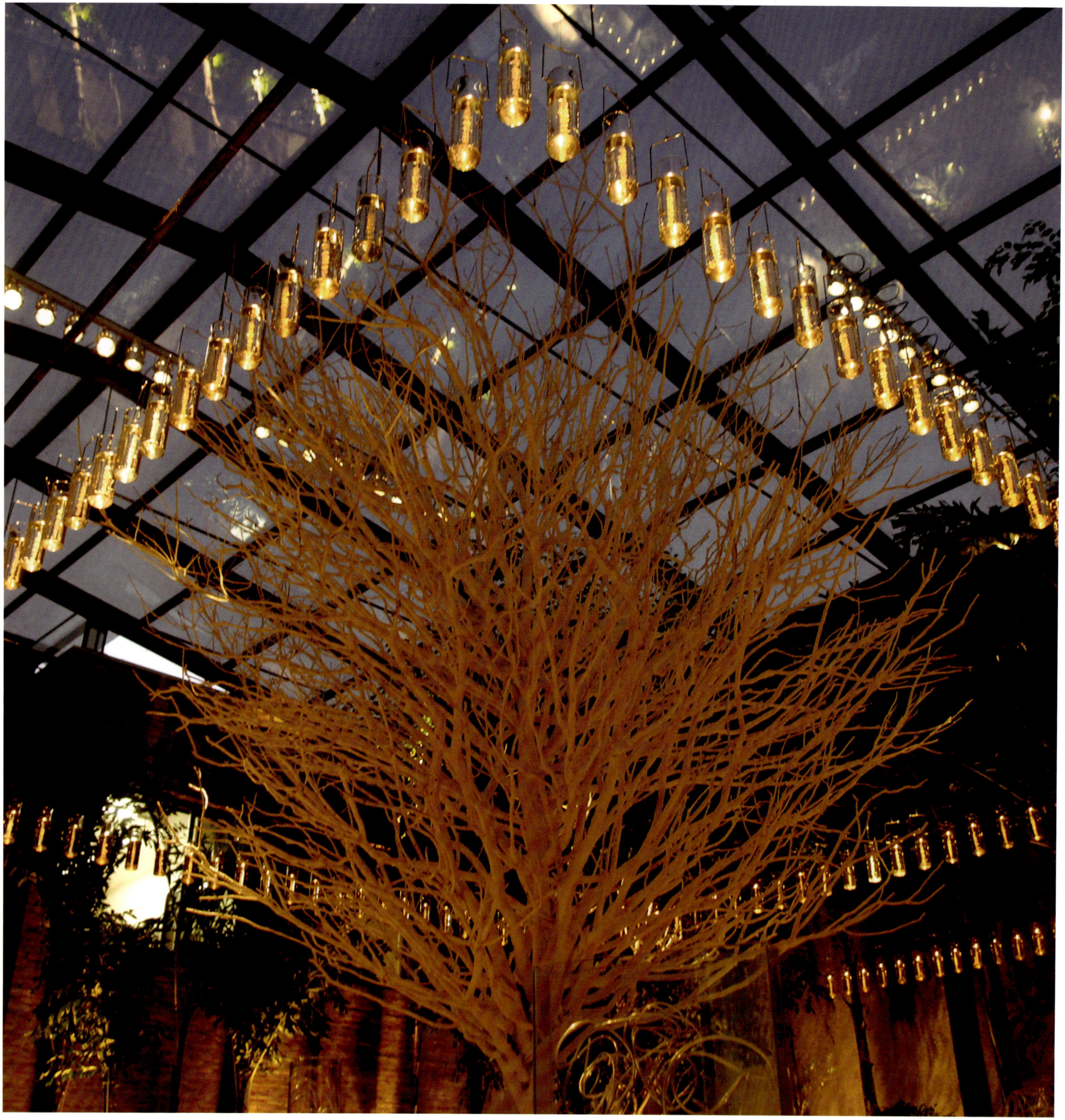

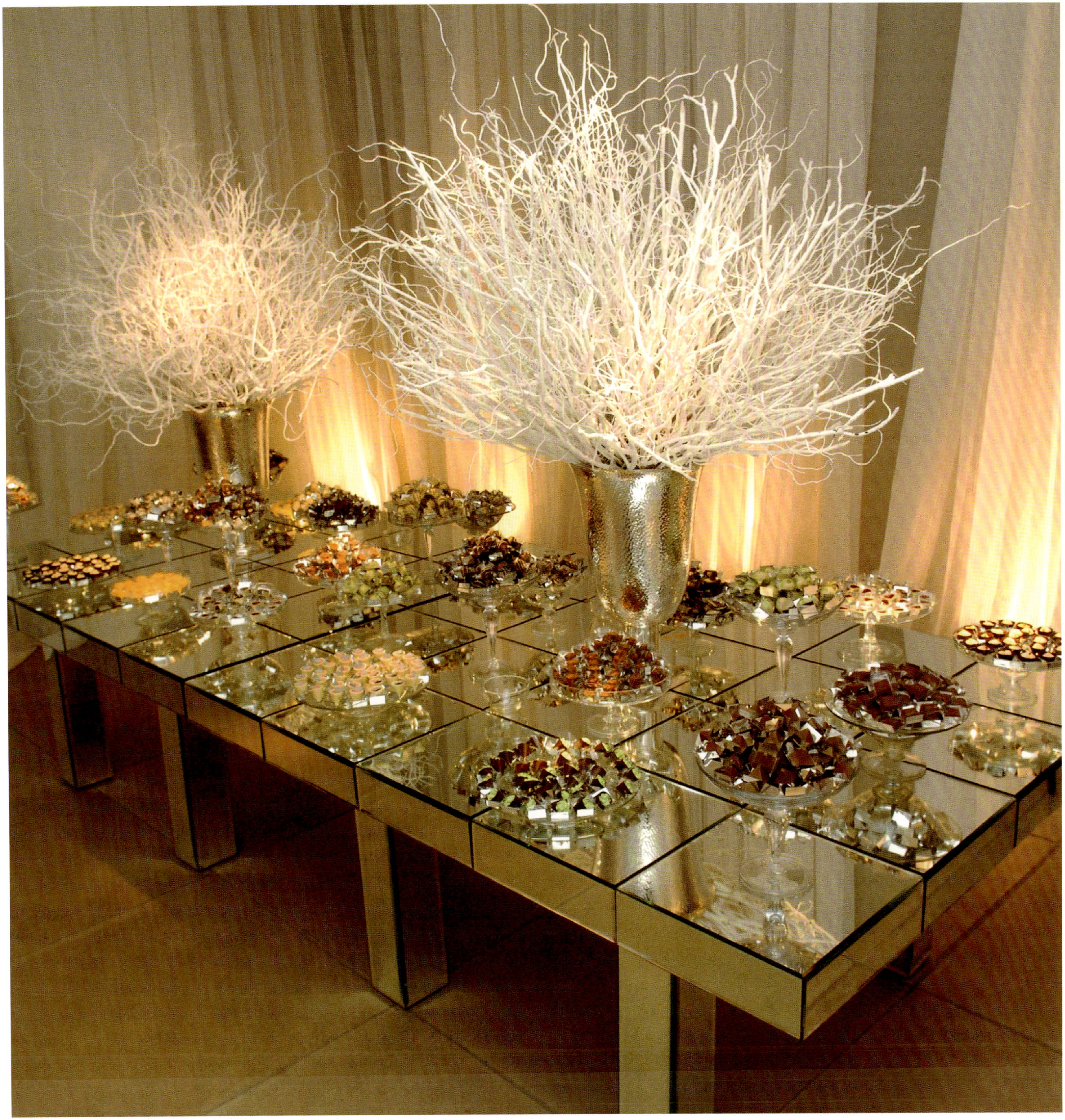

Jaqueline Menna Barreto

Nascida em Porto Alegre, Jaqueline Menna Barreto morou no Sul até o início dos anos 90. Lá, ela se formou em Educação Física e fez pós-graduação em psicomotricidade. Mas, quando se mudou para São Paulo, tudo isso ficou para trás. Hospedada na casa de sua irmã, a bufeteira Neka Menna Barreto, Jaque se impressionou com os eventos que sua irmã abastecia e logo se pôs a ajudá-la. "Aprendi com minha irmã muito do que sei. Desde pequena eu arrumava a mesa para as delícias que ela preparava. Assim, fui criando meu jeito de fazer uma festa ficar elegante – sem exageros e com simplicidade".

Jaqueline compara o seu trabalho a uma ida ao cinema: não adianta ter um filme bom se a poltrona não for confortável, a pipoca estiver fria e a iluminação da sala mal feita. "Os convidados têm de se sentir tomados pelos aromas, sabores, visual e pelo espírito da celebração".

Fotos: Catherine Krulik

O Brilho do Lilás

Para definir esse casamento, Jaqueline usa cinco adjetivos: segundo ela, foi uma festa romântica, contemporânea, confortável, pop e inesquecível.

Durante um ano ela ficou trocando idéias com a noiva para conceber alguns dos detalhes personalizados que compunham o *décor* e a graça dessa festa.

Elementos como as cortinas de algodão branco usadas para isolar um ambiente do outro, o móbile de miçangas, as luminárias de papel pergaminho e as trouxinhas de minipérolas que envolviam os cardápios foram concebidos especialmente para esse evento.

Ao lado dessas peças mais pop, outras mais clássicas - como os candelabros de cristal e alguns detalhes em tule - eram usadas na decoração das mesas, enriquecendo o caráter romântico da celebração.

A iluminação especial criava diferentes climas em cada espaço, emoldurando com perfeição a variedade de sensações provocadas pelos criativos quitutes preparados por Neka Menna Barreto. Havia um bar só de caipirinhas, mas que também servia drinques não-alcoólicos e picolés.

No salão, chamava a atenção um mega-sofá, com cerca de 30 metros de comprimento. Os tons que predominavam na decoração eram o magenta, o lilás e o fúcsia, além do branco, evidentemente.

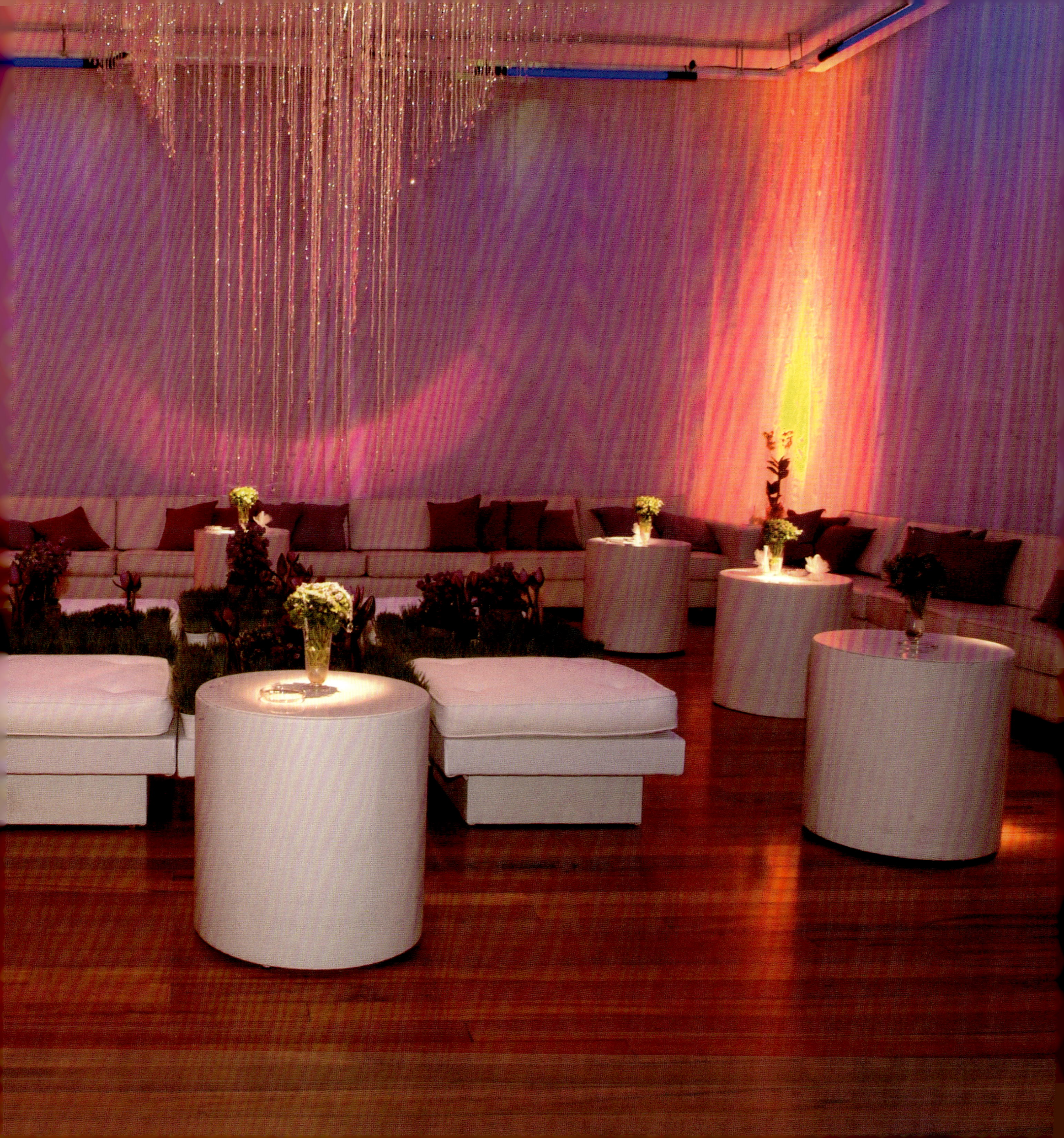

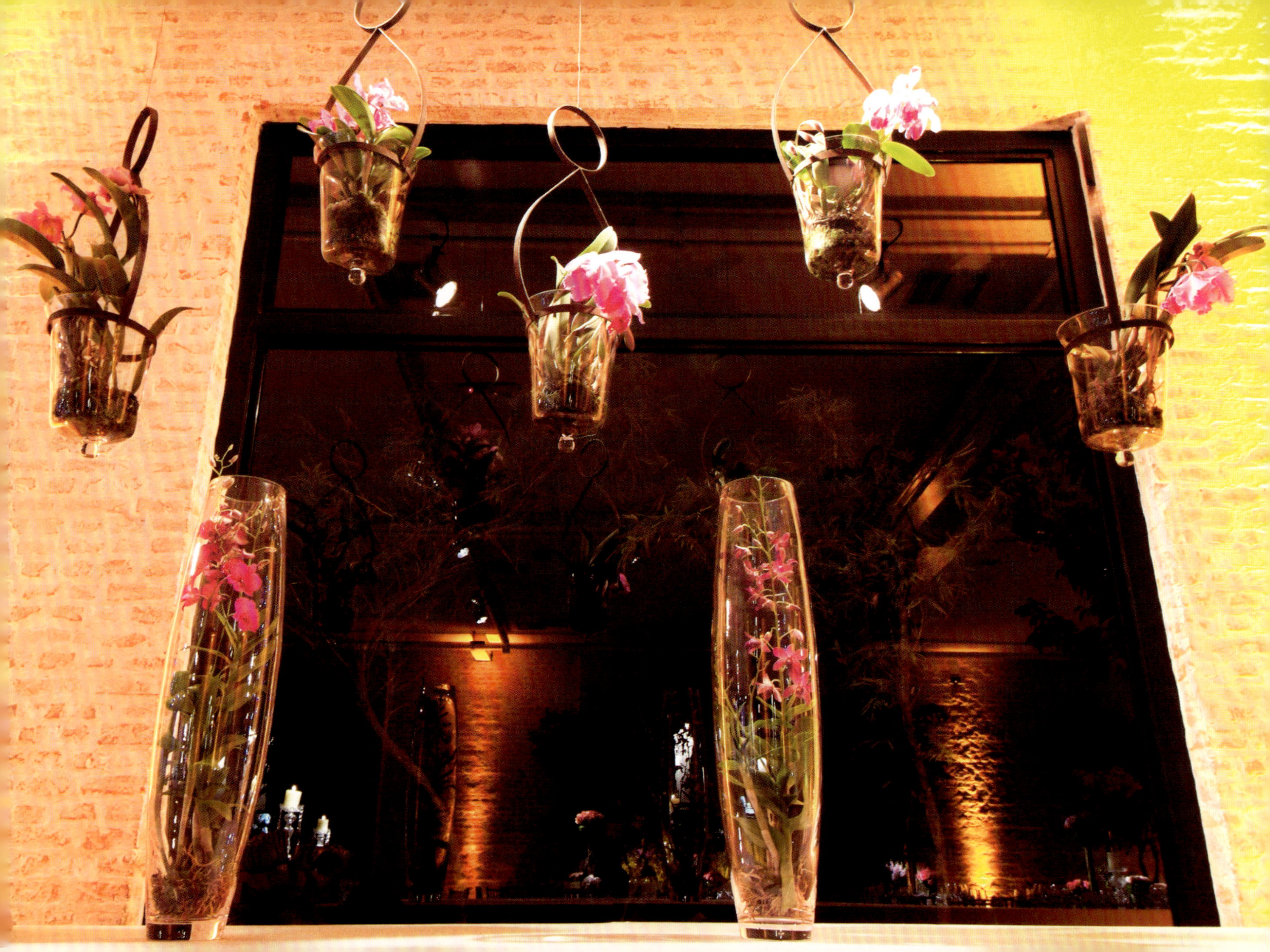

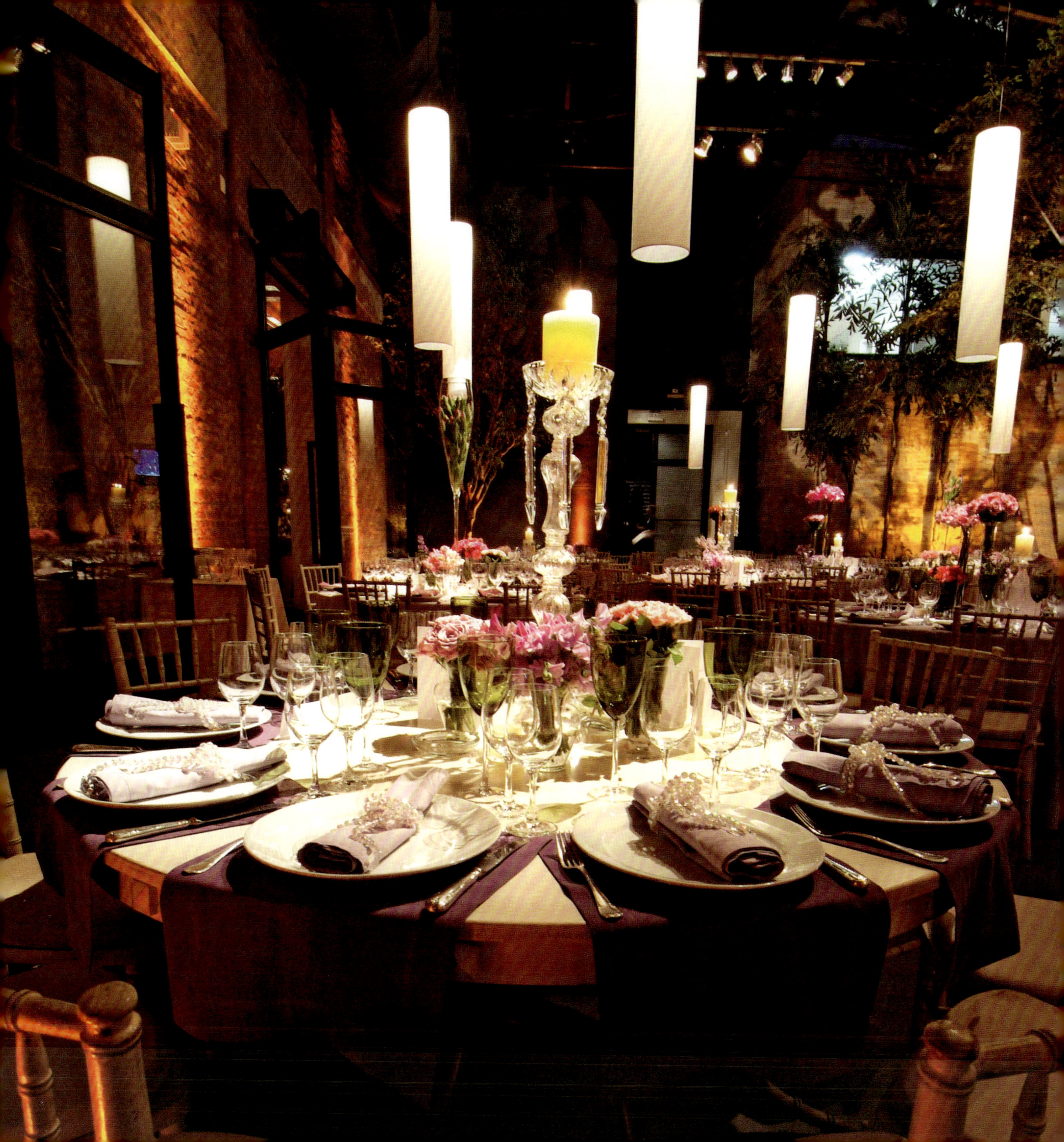

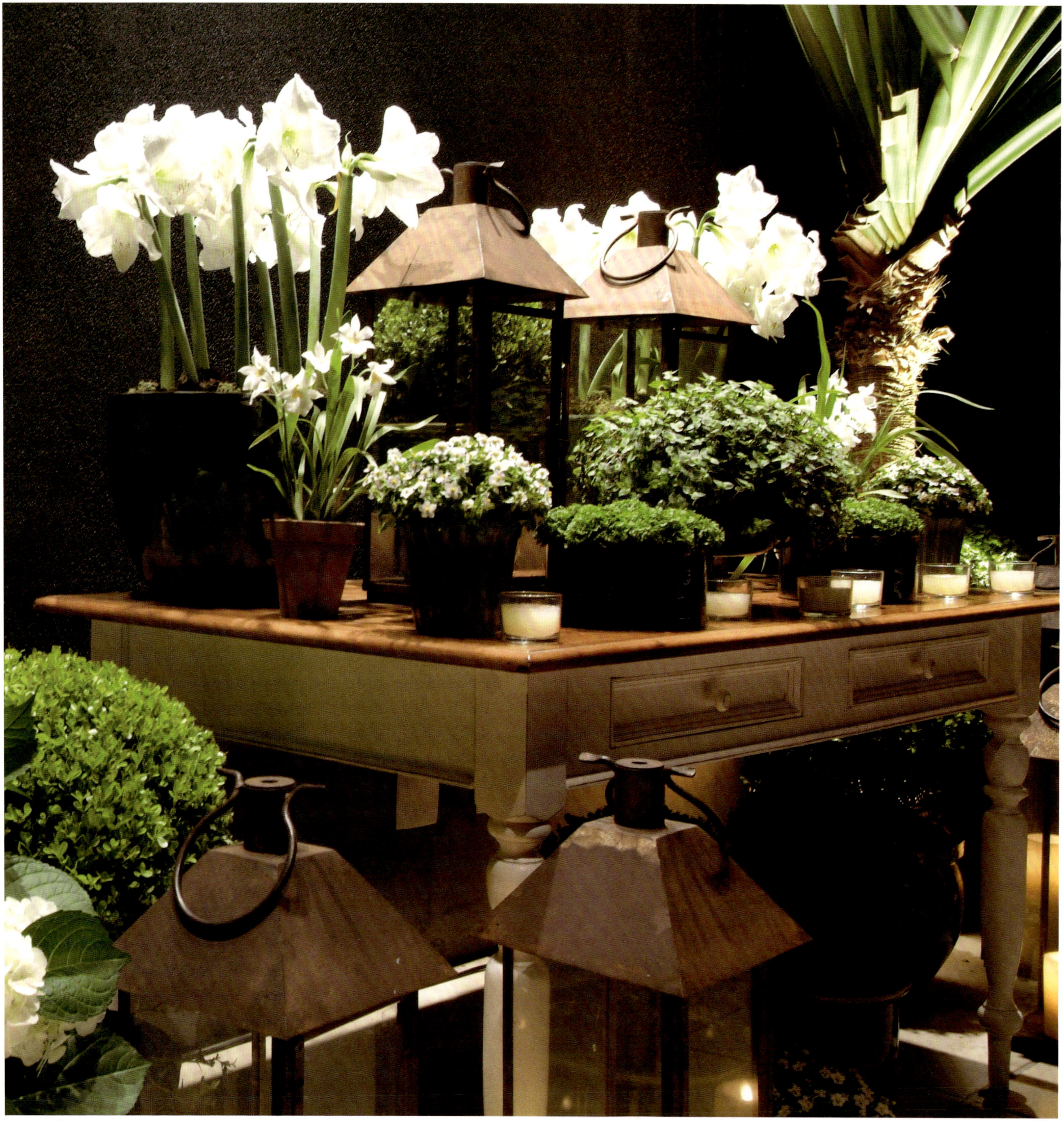

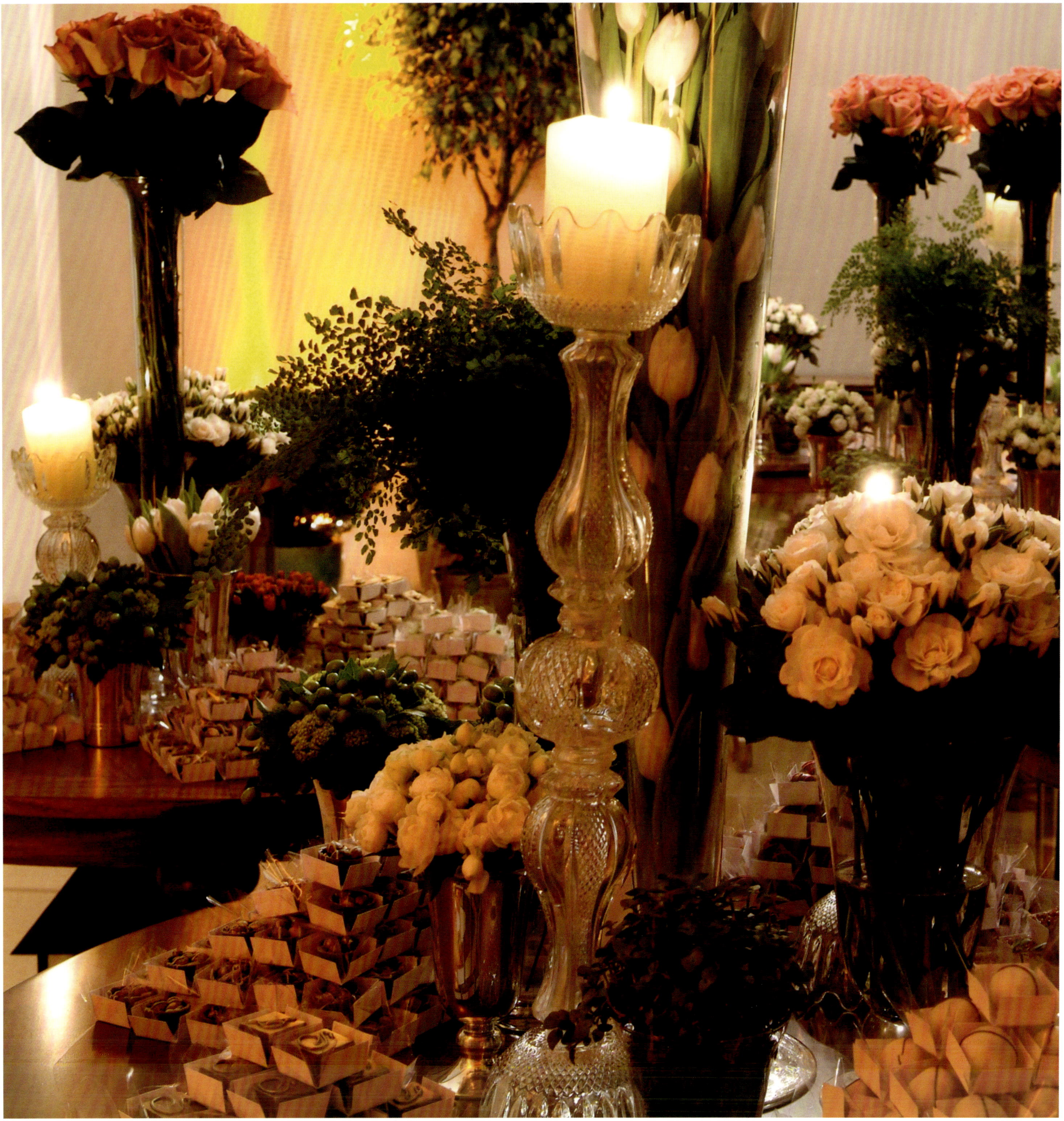

Lais Aguiar

A jovem Lais, com apenas 23 anos e recém-formada em arquitetura, representa a terceira geração de uma "dinastia" de floristas e decoradores. Ela é neta de Rubens Aguiar, que fundou a Rubens Decorações em 1956, e é filha do consagrado Rudi Aguiar.

"Quando pequena, ia com meu avô e meu pai ao Ceasa comprar flores e, desde os meus 19 anos, trabalho no atendimento. Com a minha faculdade e os cursos que fiz sobre *design* de interiores, história do mobiliário e uso das cores, passei a ver com outros olhos essa arquitetura efêmera de criar coberturas, pisos, ambientes e projetos de iluminação e paisagismo que só precisam durar algumas horas". Lais enriqueceu a prática adquirida em família com o embasamento teórico dos anos de faculdade. Com isso e com a estrutura da grande empresa que se transformou o negócio iniciado pelo avô, realiza todos os desejos de seus clientes.

Fotos: Demian Golovaty

A Transparência dos Espelhos

Para uma noiva que queria um casamento bem moderno, Laís Aguiar decidiu que o salão teria a predominância do branco e de espelhos.

Para a realização da cerimônia religiosa, a arquiteta criou uma nave "aérea" com fios de *nylon* e enfeites suspensos no teto. Castiçais com velas eram intercalados por tubos de ensaio com orquídeas e mini-orquídeas brancas.

Esse ambiente era isolado dos demais salões por grandes espelhos, "cortinas" de cristais e painéis feitos com folhas naturais de latania, grampeadas uma a uma.

Os *lounges* eram compostos por cadeiras Barcelona, (desenhadas por Mies van der Rohe), e sofás brancos com arranjos florais bem *clean*. Os únicos elementos que introduziam um pouco de cor eram as almofadas de tafetá verde pistache e roxo berinjela.

As flores usadas na decoração também traziam essas cores: além das tulipas, rosas, orquídeas e camélias brancas, havia kallas cor de vinho, tulipas roxas e denfales verdes com miolo bordô.

A iluminação tinha feixes bem diretos de luz branca sobre os detalhes coloridos e brancos e também sobre os caminhos de organza das mesas. No resto do salão, a luz era mais tênue, filtrada por gelatinas na cor *champagne* para ocultar eventuais imperfeições nos rostos e nas roupas dos convidados.

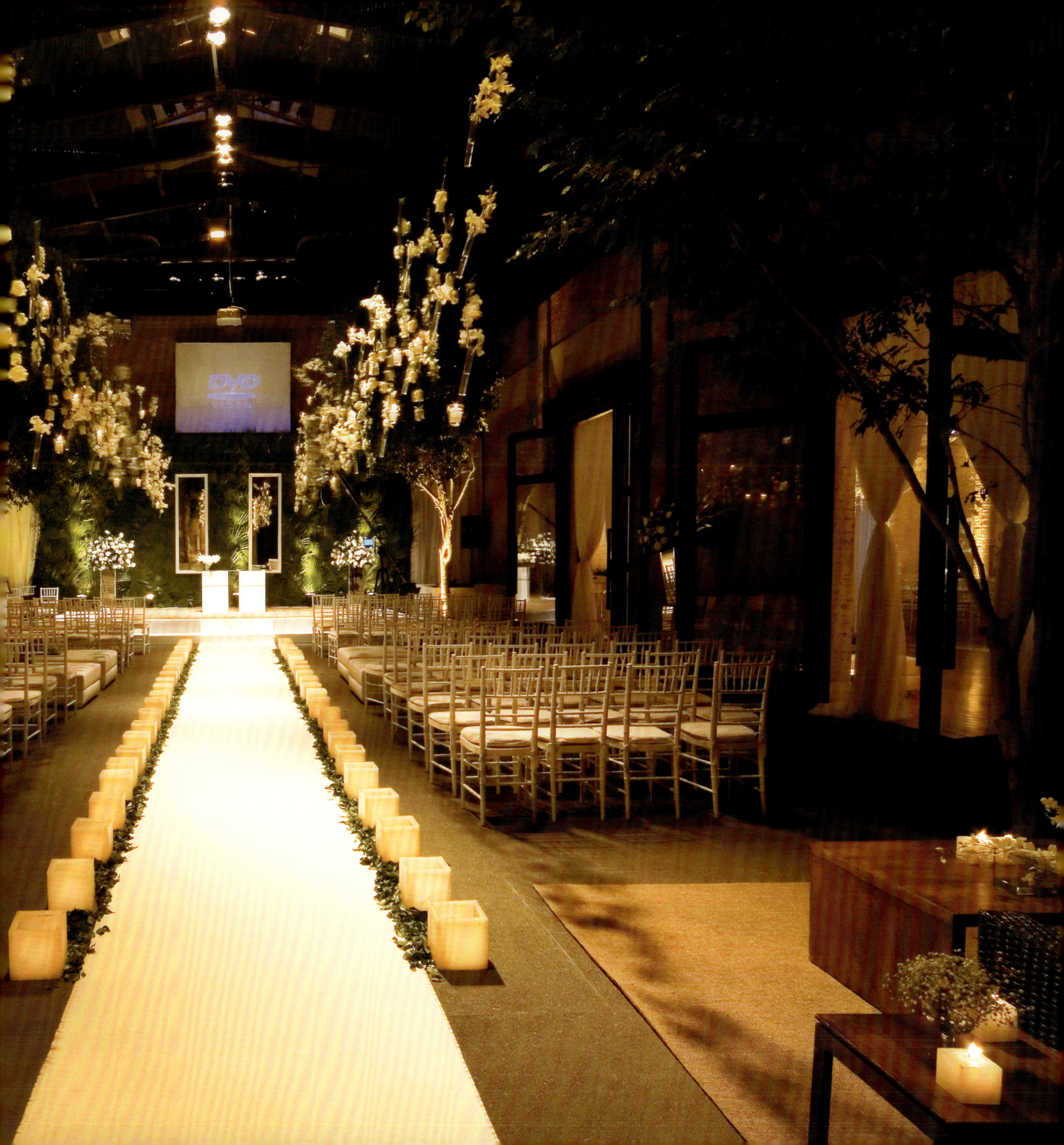
DVD

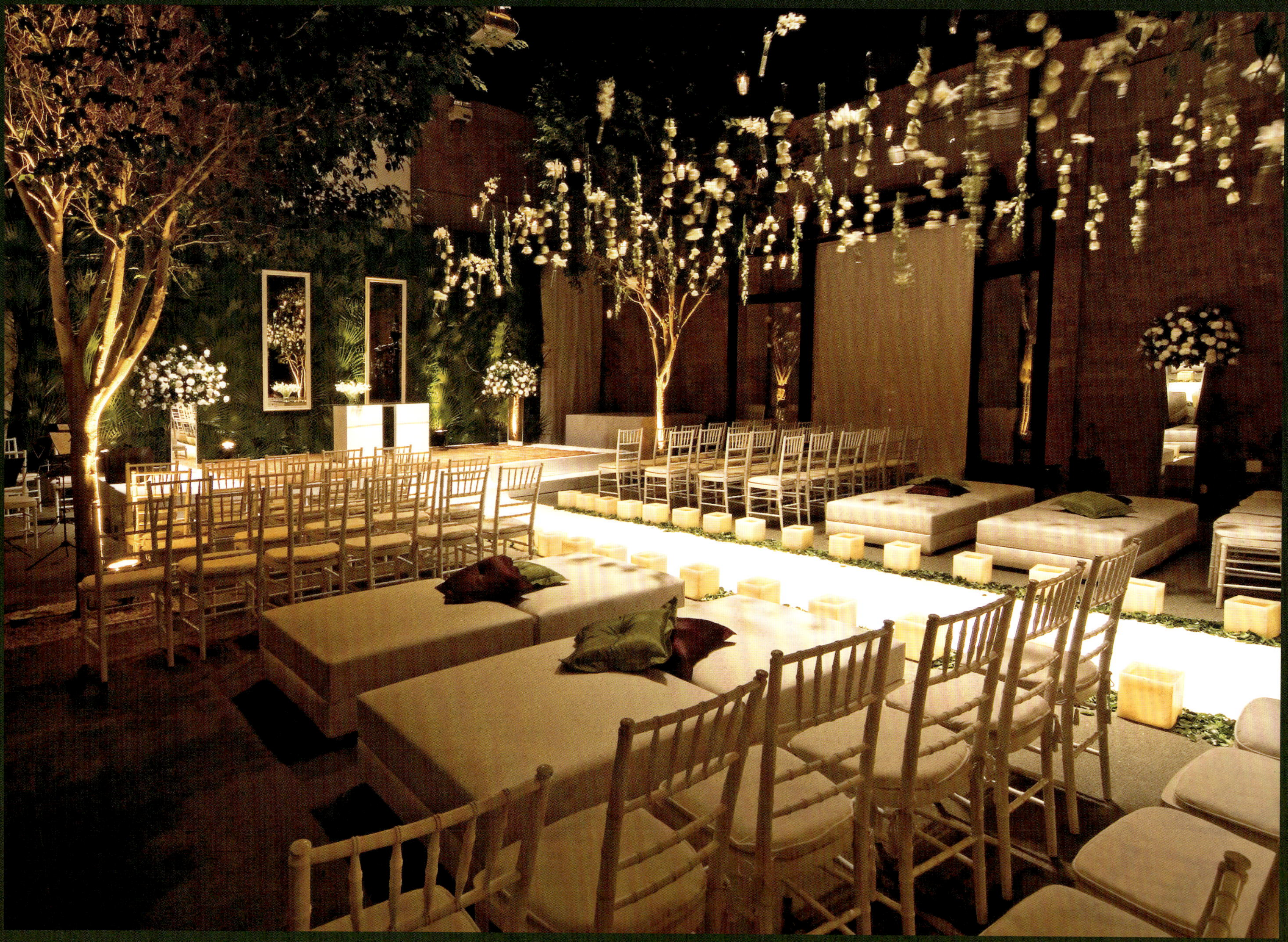

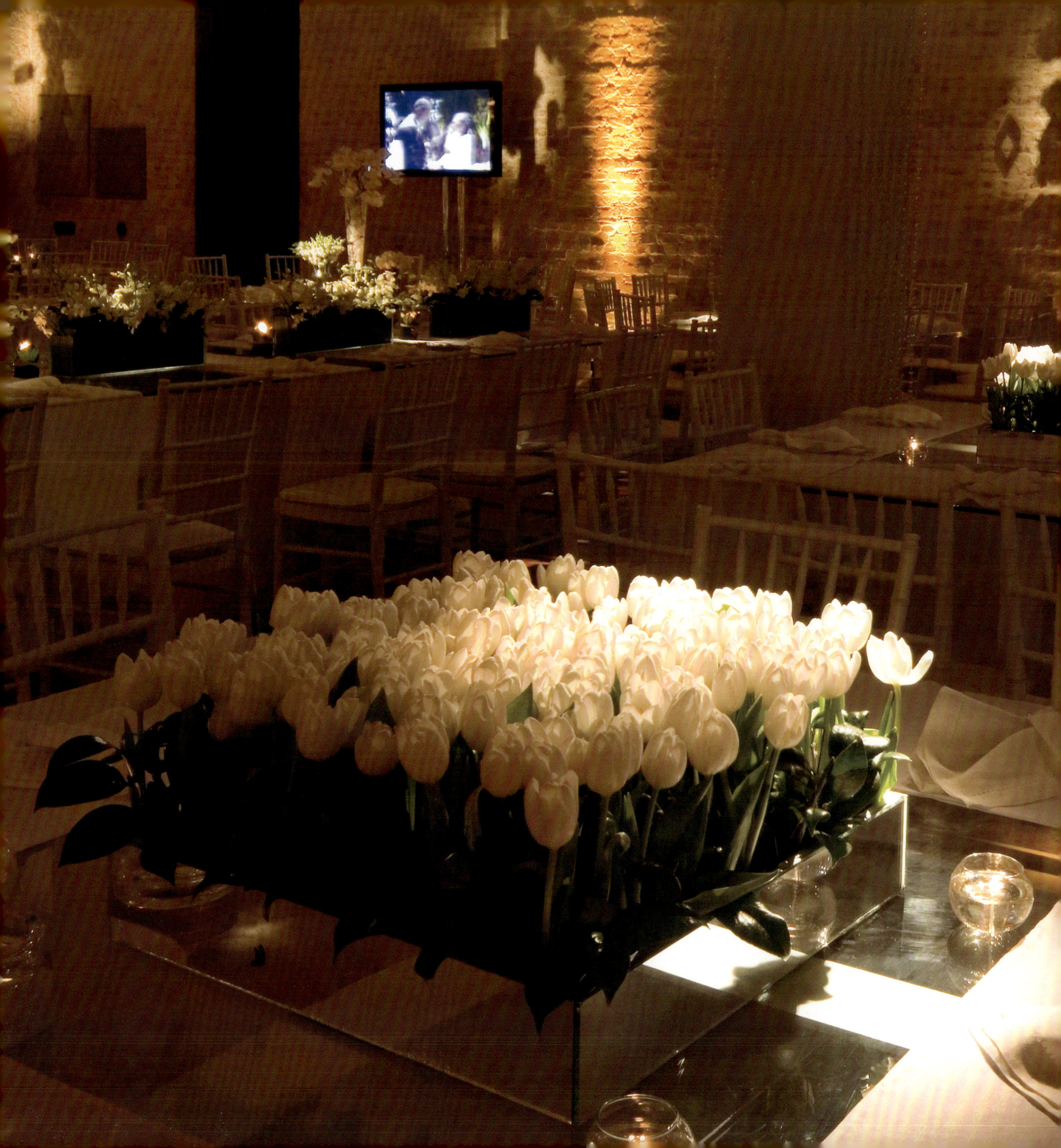

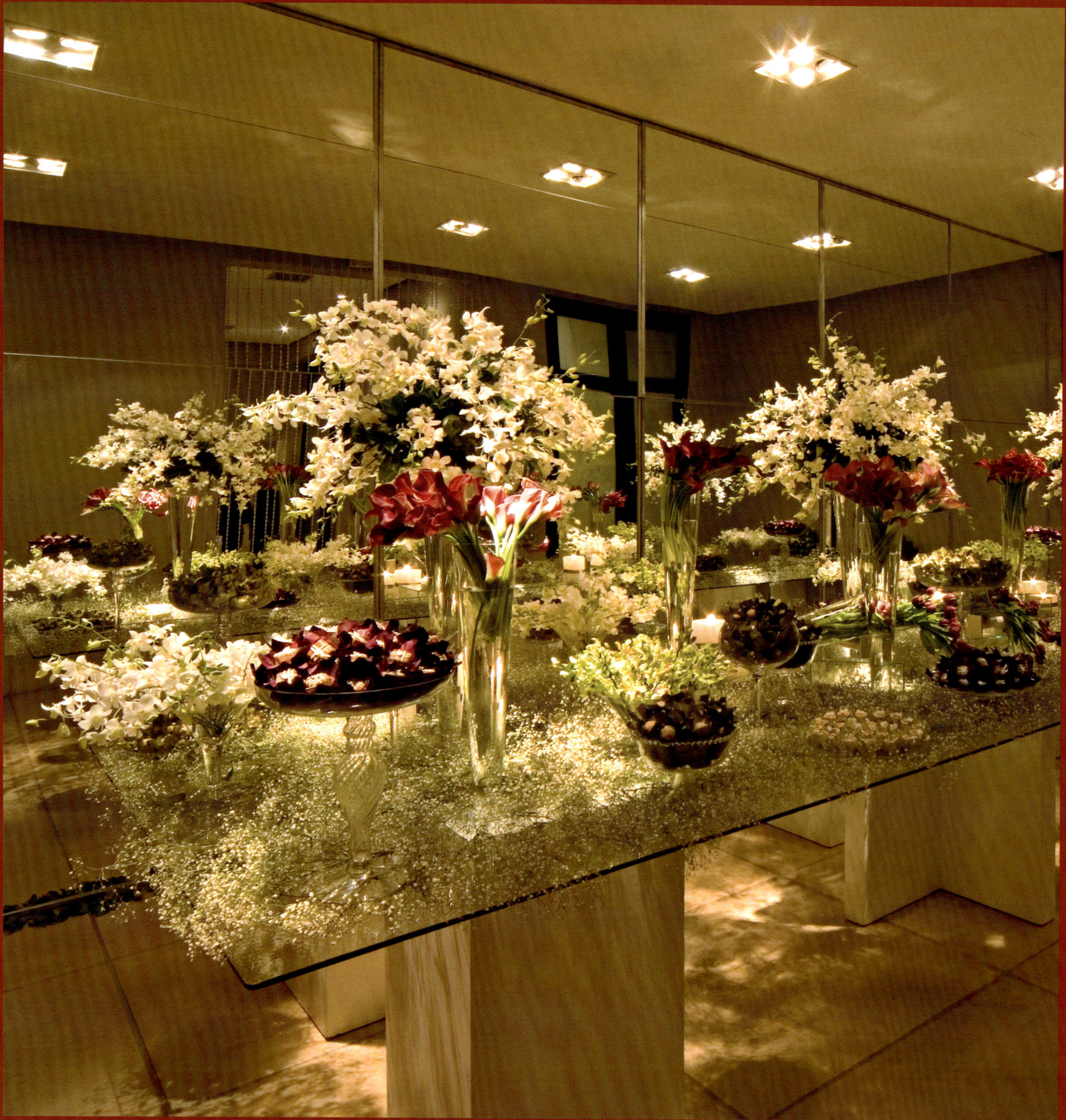

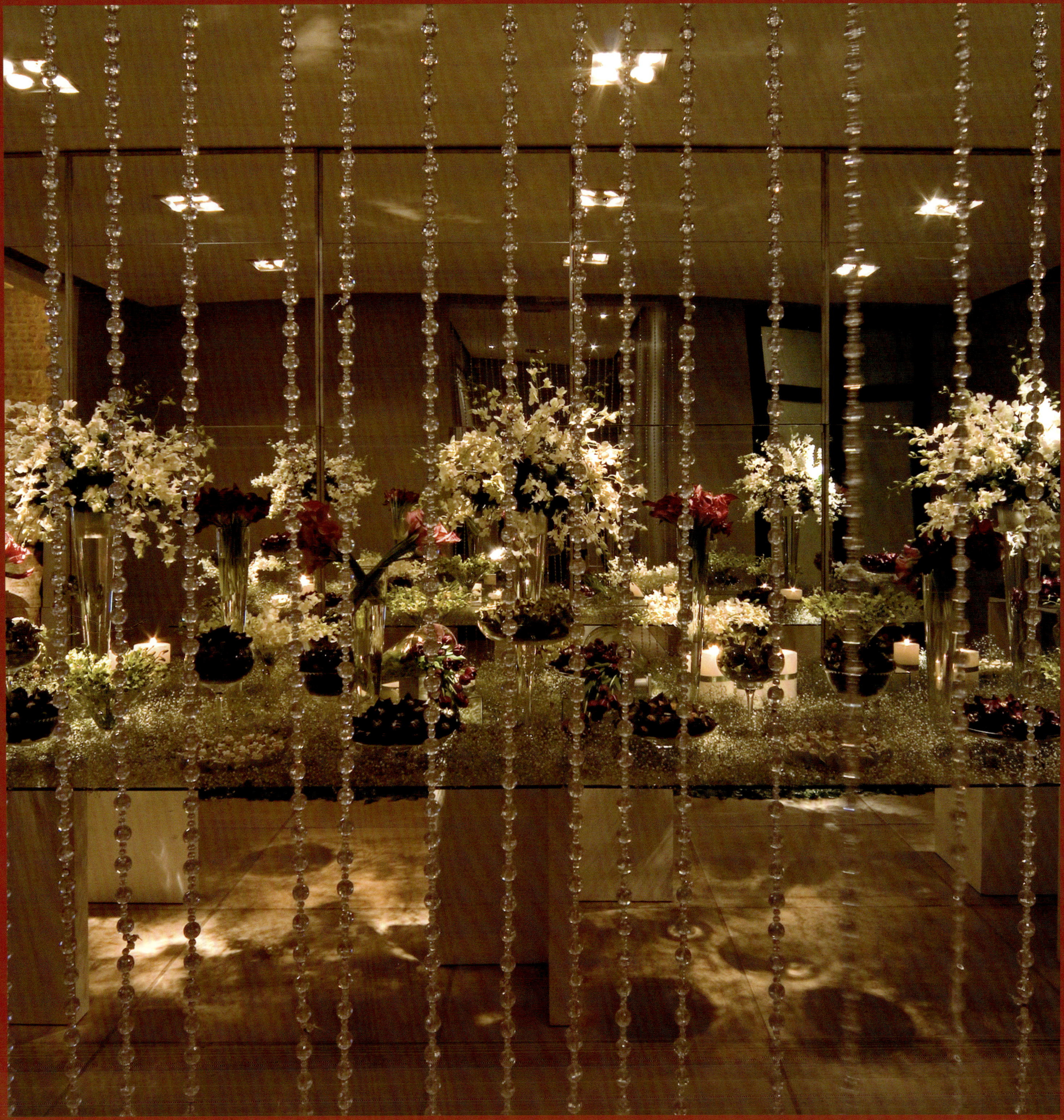

Luciana Gelfi & Gabriela Giannella

Gabriela Affonso Ferreira Giannella e Luciana Fernandez Gelfi formam uma dupla de organizadoras de festas que tem uma marca: elas mostram que fazer com bossa é fazer sem ostentar, com todos os elementos na medida certa, aliando simplicidade e elegância.

Nascidas na Bahia, foi em São Paulo que elas se encontraram, nos escritórios do departamento de *marketing* de uma empresa multinacional.

Gabriela é formada em arquitetura no Mackenzie e administração na FGV. Em geral, é ela quem se encarrega de montar os projetos, definir os móveis e os materiais que serão usados na composição do cenário das festas.

Luciana estudou administração na Faap e morou na Europa: Paris, Londres e Espanha, onde fez vários cursos de especialização em decoração e flores. Ela é a florista e a detalhista da dupla. Define cuidadosamente cada detalhe, cada arranjo, cada peça...

Fotos: Rodrigo Sack

Bossa e Descontração

Para este casamento, que uniu um noivo de família judaica e uma noiva recém-convertida, Luciana e Gabriela projetaram alguns detalhes que deram um charme moderno e descontraído à cerimônia.

O *chupah* foi feito com madeira verde e com orquídeas brancas. O caminho da noiva foi todo demarcado com lanternas de vela envoltas em tela de galinheiro e flores.

No salão, os *lounges* misturavam cadeiras modernas, poltronas Barcelona, criadas pelo *designer* alemão Mies van der Rohe, e confortáveis sofás com almofadas de estampas florais.

Nas mesas também predominavam o verde e o branco, desde a estampa das toalhas aos guardanapos, passando pelos copos, os *sous plats* e as flores.

Todos os tecidos estampados usados na festa foram pintados à mão por Marco Mariutti. Eles apareciam não só nas almofadas, mas também nas capas de algumas cadeiras, toalhas de mesa, forro do bar e em algumas luminárias.

Os arranjos florais eram bem soltinhos, nada convencionais. Não se viam aquelas tradicionais "bolas" com opulentos ramos de flores sobre vasos ou altos castiçais.

Foi uma festa definitivamente original e charmosa, com soluções criativas e muita bossa!

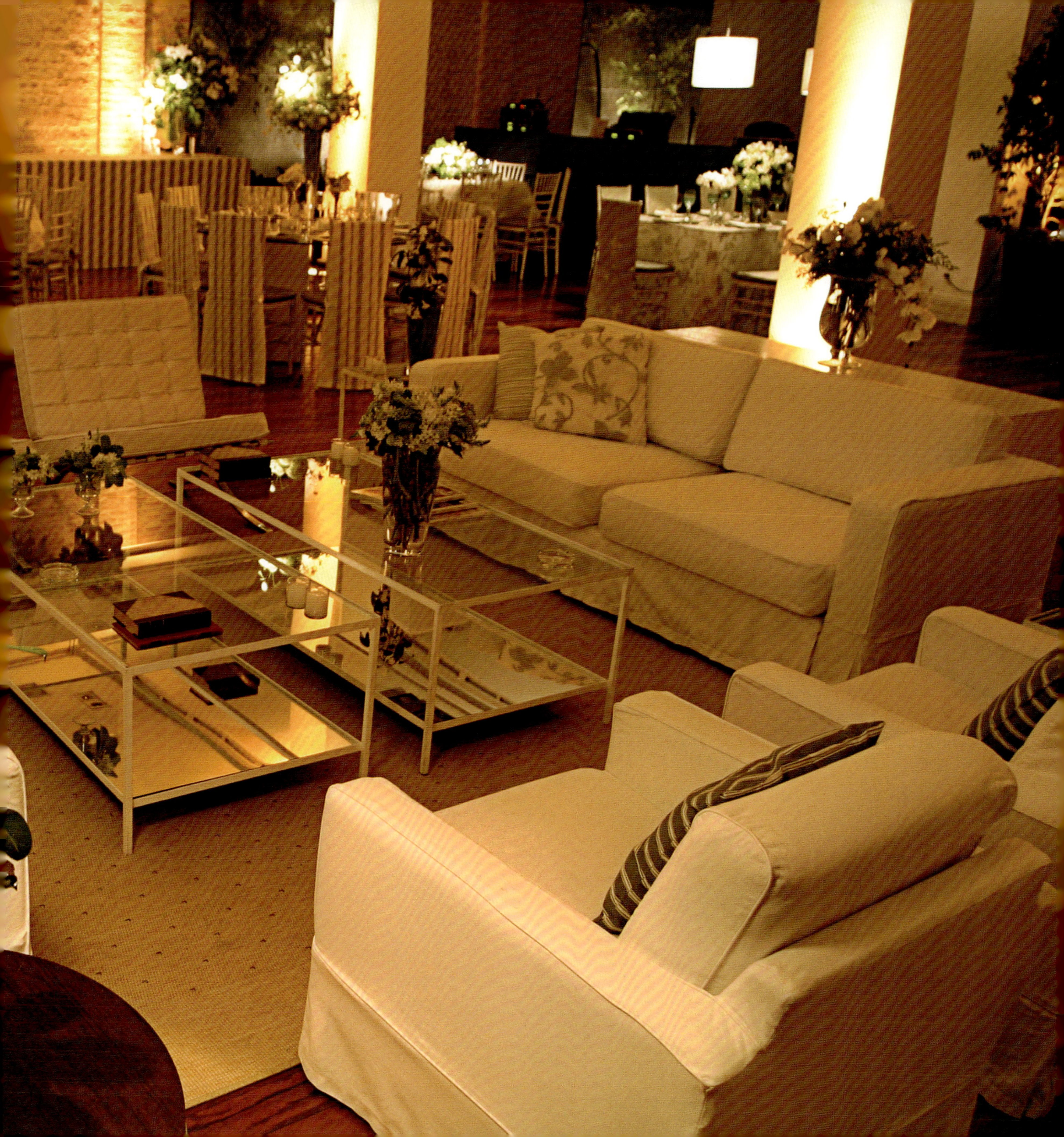

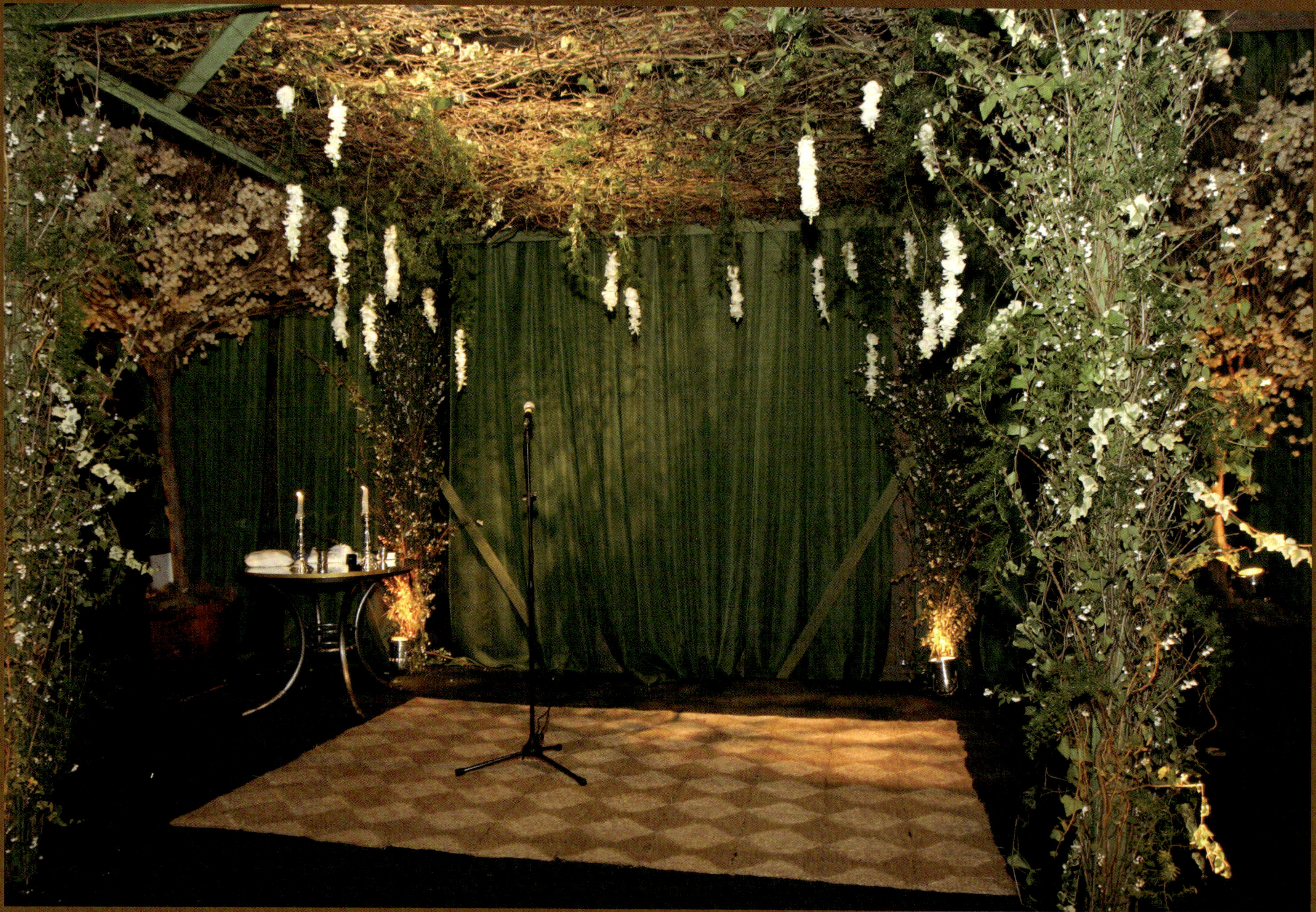

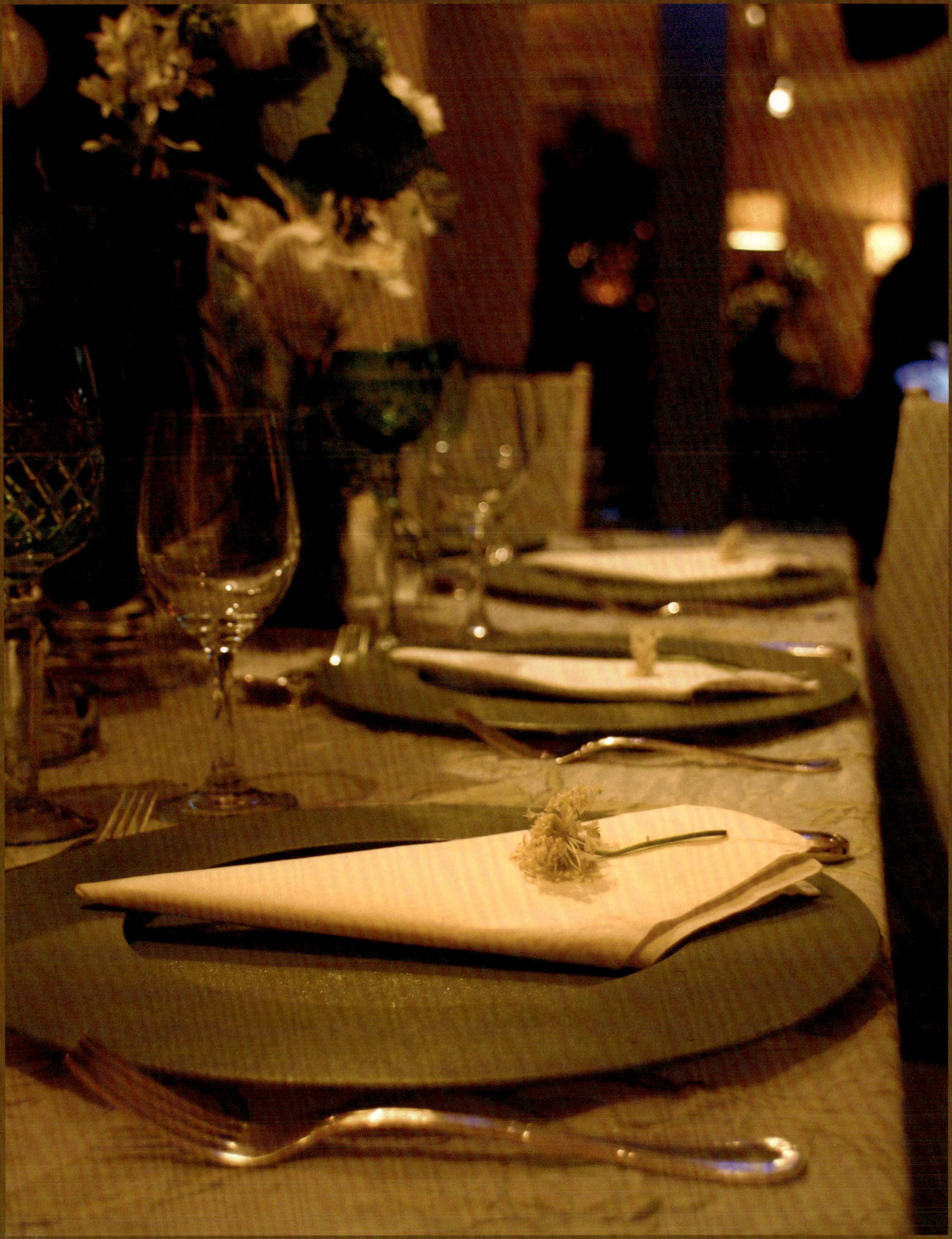

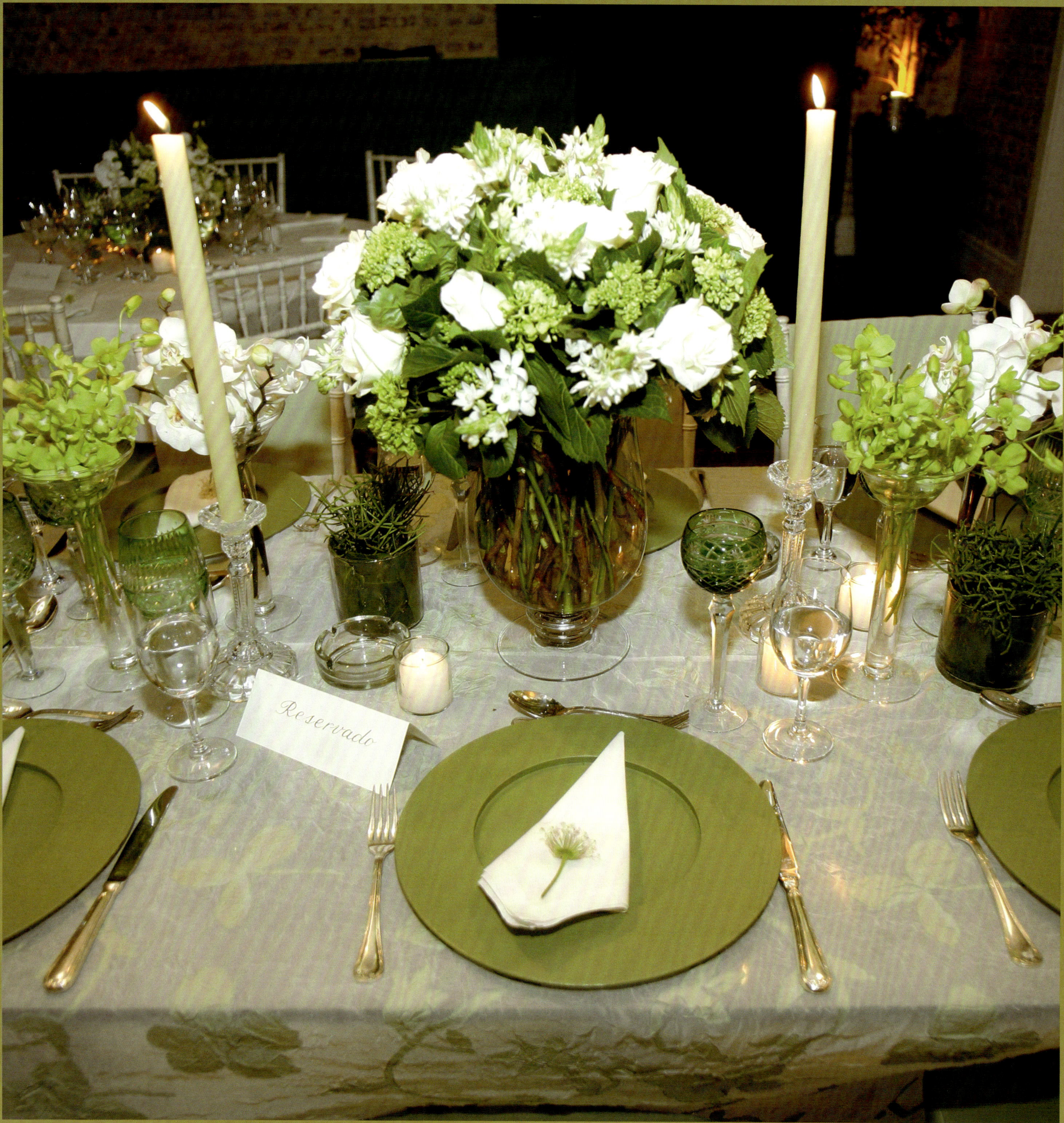
Reservado

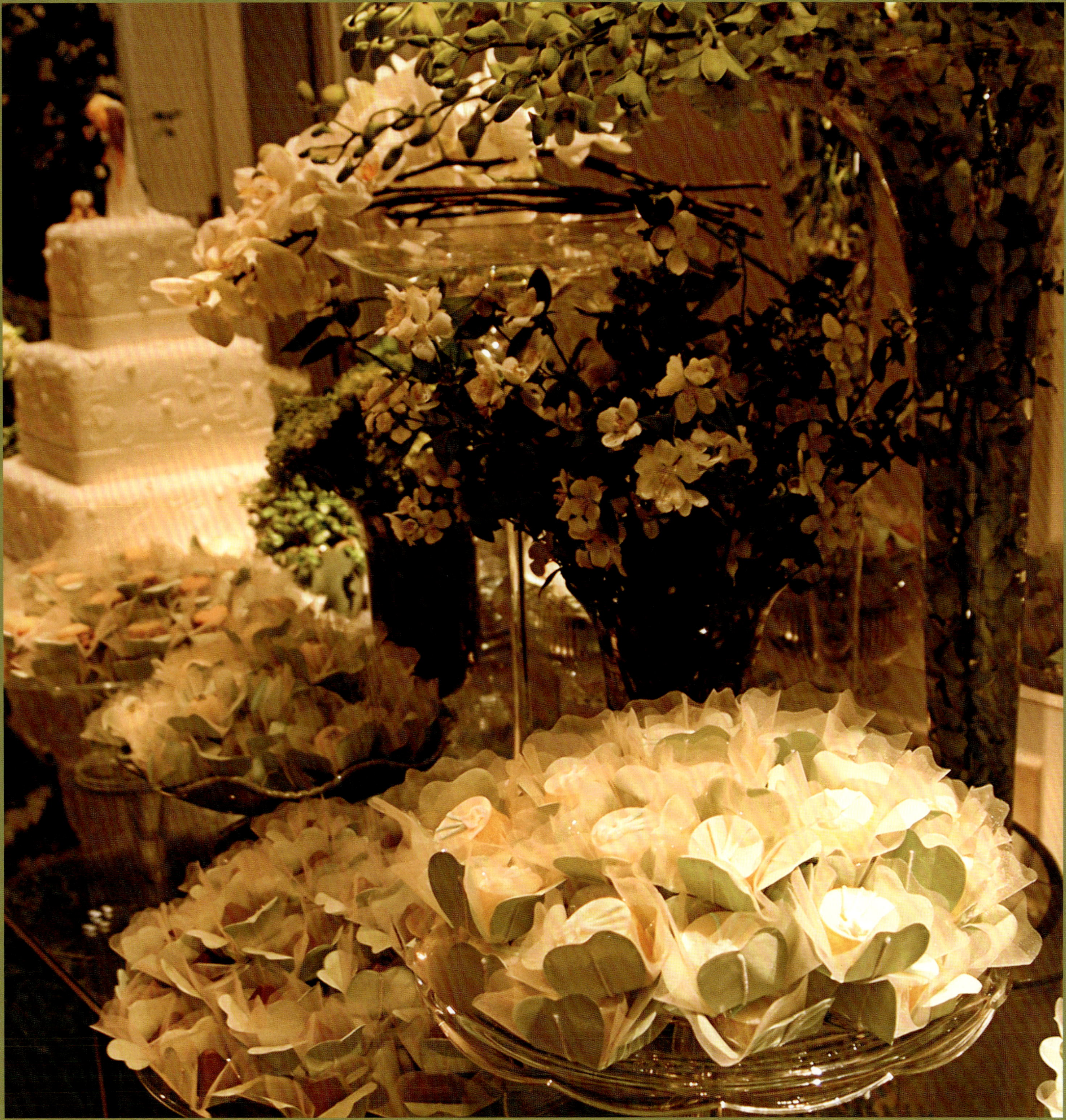

Marcella Pastore

Mesmo antes de entrar na faculdade de Administração na FAAP, Marcella Pastore já tinha a decoração como *hobby*. Depois de formada, trabalhou no departamento de *marketing* de várias empresas multinacionais, mas era só restar um tempinho livre e lá estava ela ambientando a festa de algum amigo ou parente.

Após sete anos dividida entre sua carreira no mundo corporativo e essa atuação paralela como decoradora, finalmente, em 2003, Marcella transformou sua diversão de fim de semana em profissão. Hoje ela se sente realizada entre projetos, flores e *croquis*. Como resultado, contabiliza uma clientela cada vez mais numerosa. "Realizo eventos sociais e corporativos. Adoro participar da felicidade incontida de uma noiva e da comemoração de uma conquista empresarial. São momentos únicos", confessa a profissional que, nessa nova fase de sua vida, une sua visão de executiva aos dons de decoradora.

Fotos: Luísa Meyer

Chuva de Flores

Marcella Pastore utilizou flores brancas para compor os arranjos de mesa: tulipas, lírios, orquídeas, bocas-de-leão, ásteres, lisianthus e folhagens de gardênia.

Entre os arranjos florais, os que mais chamavam a atenção eram os elaborados com ramos de copos-de-leite encaixados de maneira despretensiosa em largos vasos cilíndricos de vidro.

O grande destaque desse projeto foi o preenchimento das paredes e forração das colunas com galhos cheios de flores aplicadas, causando a sensação de aconchego, de uma festa realizada em um lindo jardim. Muitas peças em cristal e vidro espelhado também foram utilizadas na decoração.

A iluminação pontuou cada arranjo, valorizando seus desenhos. Feixes de luz incidiam sobre os detalhes mais claros, realçando o branco junto ao verde das folhagens e aos galhos secos.

Mesas de diferentes formatos foram distribuídas pelos ambientes românticos. Sobre as mesas foram dispostos *sous plats* de rattan e anéis de cristal acrílico como porta-guardanapos. Entre as mesas dos convidados e a pista de dança foram montados os *lounges* da festa com confortáveis sofás e almofadas com detalhes verde-oliva.

A mesa de doces, montada no *hall* nobre, foi decorada com guirlandas feitas de folhagens de ficcus e lisianthus que pendiam até o chão. Os bem-casados, embrulhados em papéis de cor marfim e amarrados com fita verde foram dispostos em colunas revestidas com tecido fendi, empilhados em forma de pirâmide, num trabalho tom sobre tom.

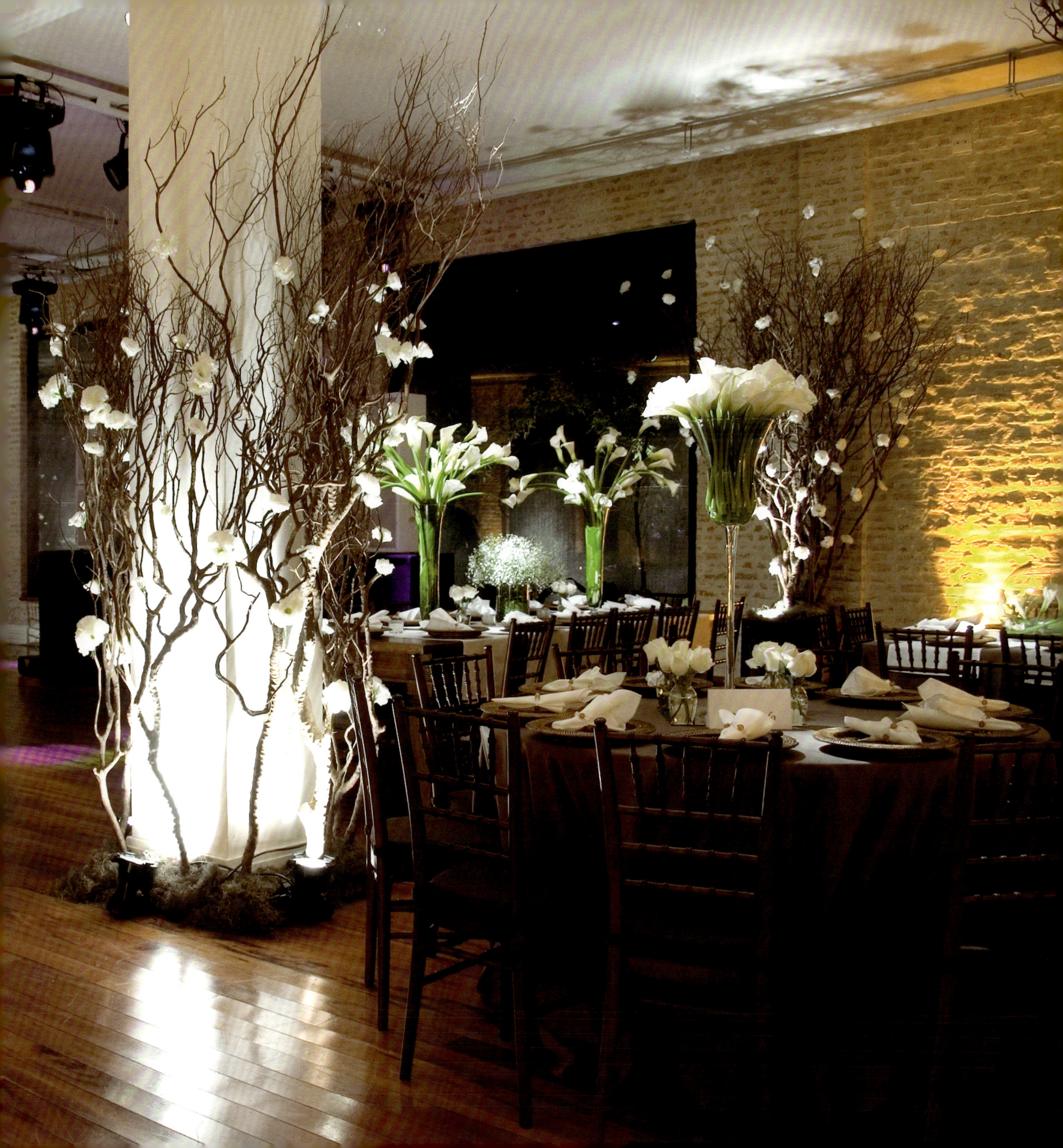

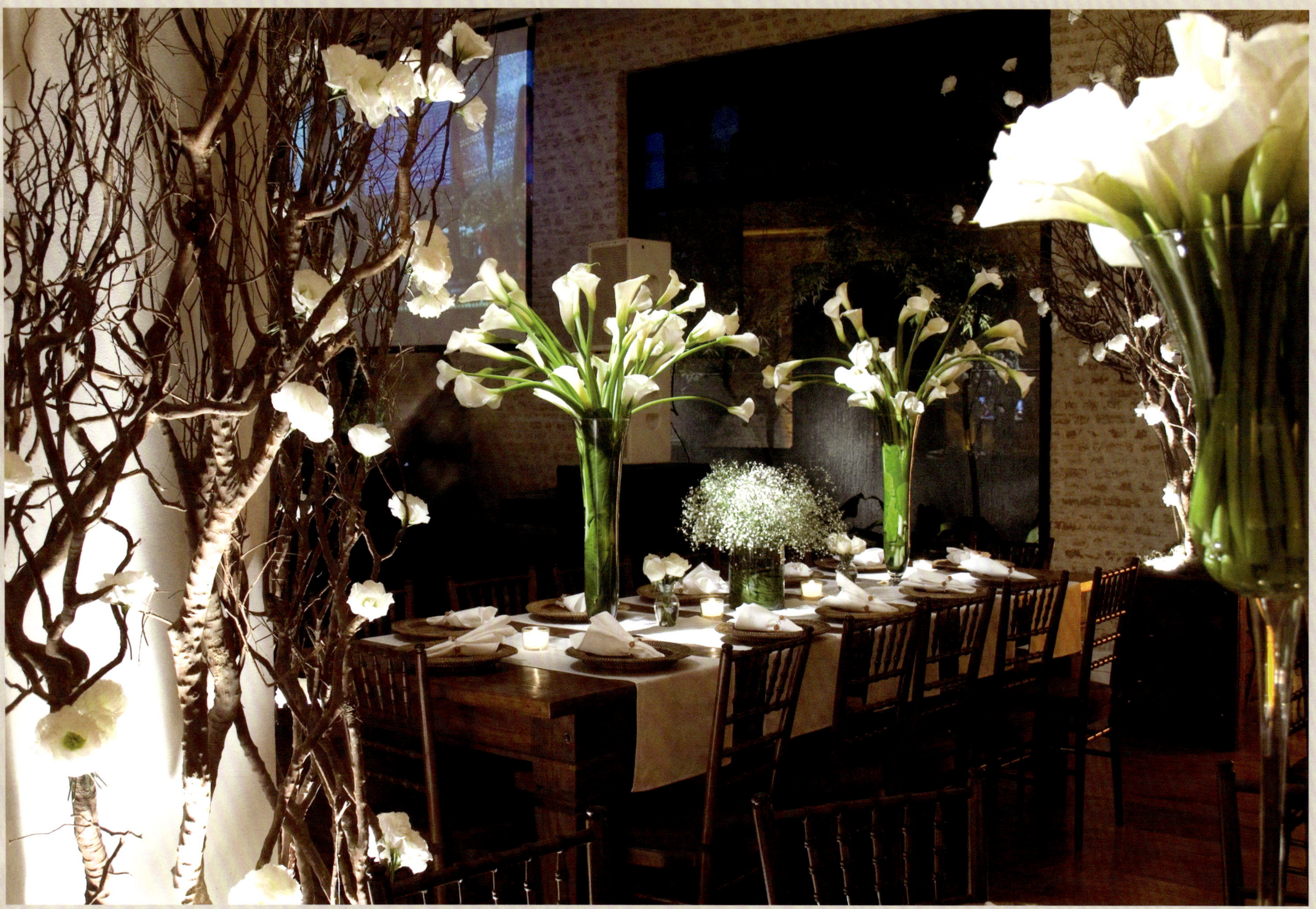

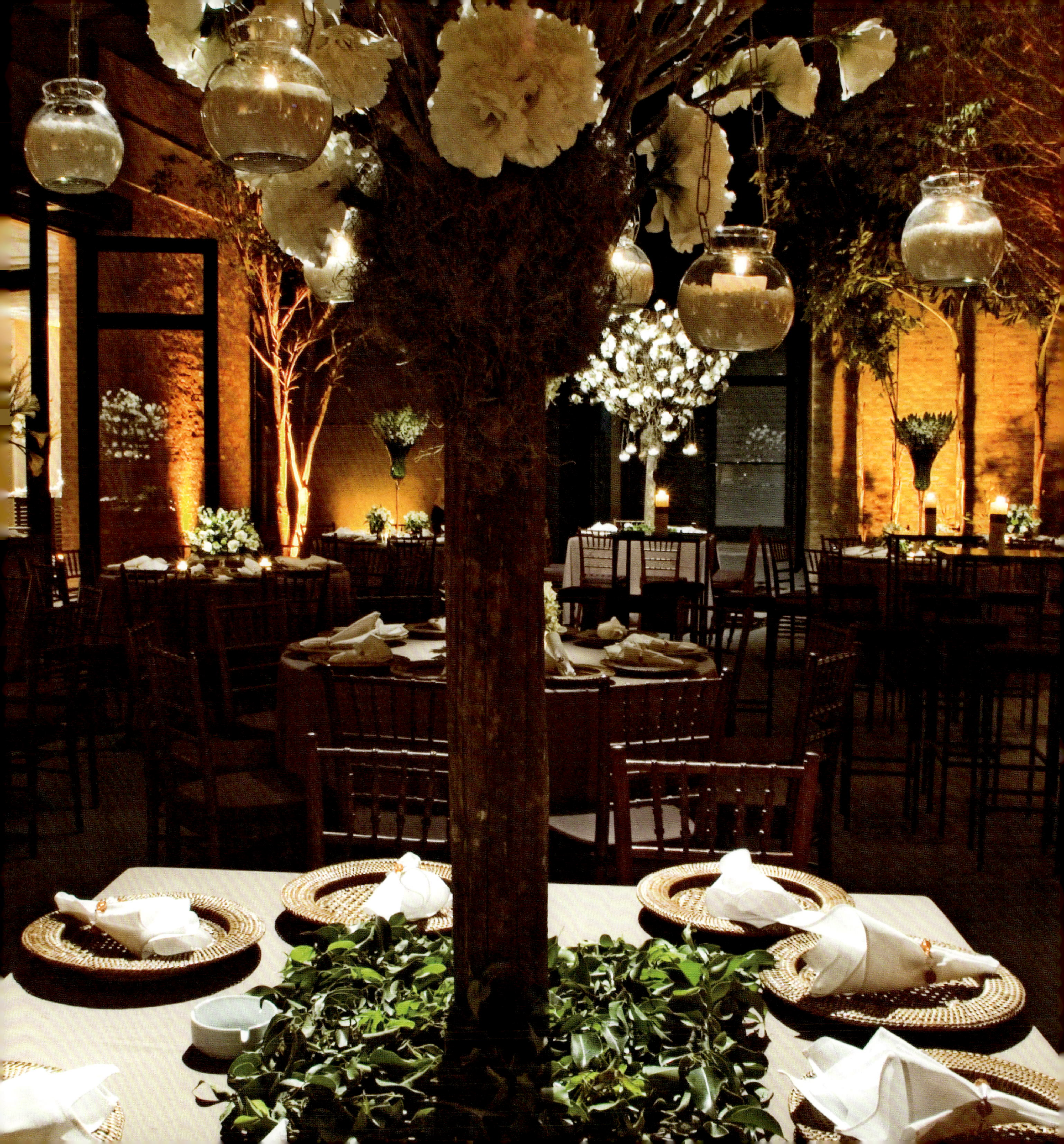

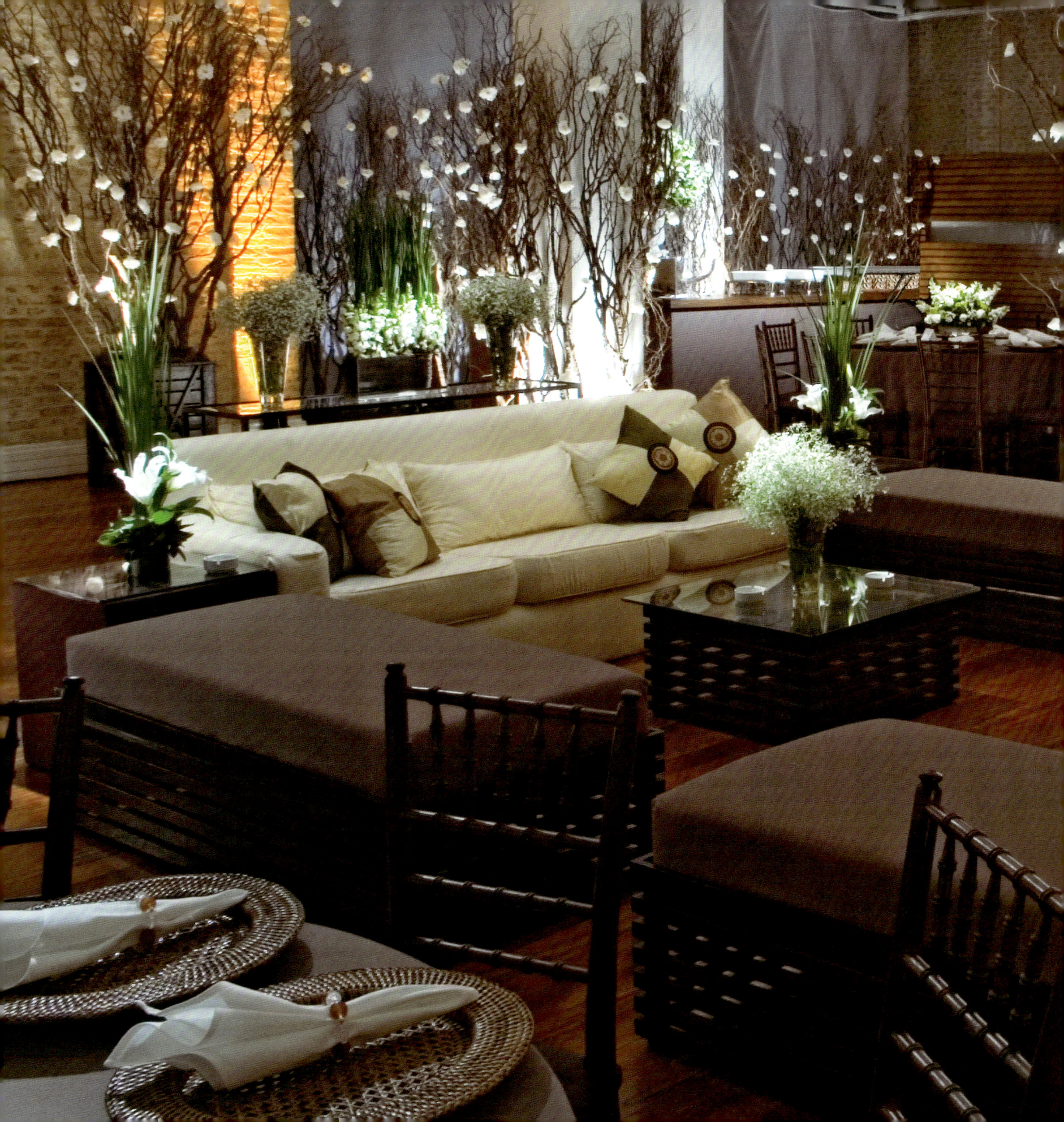

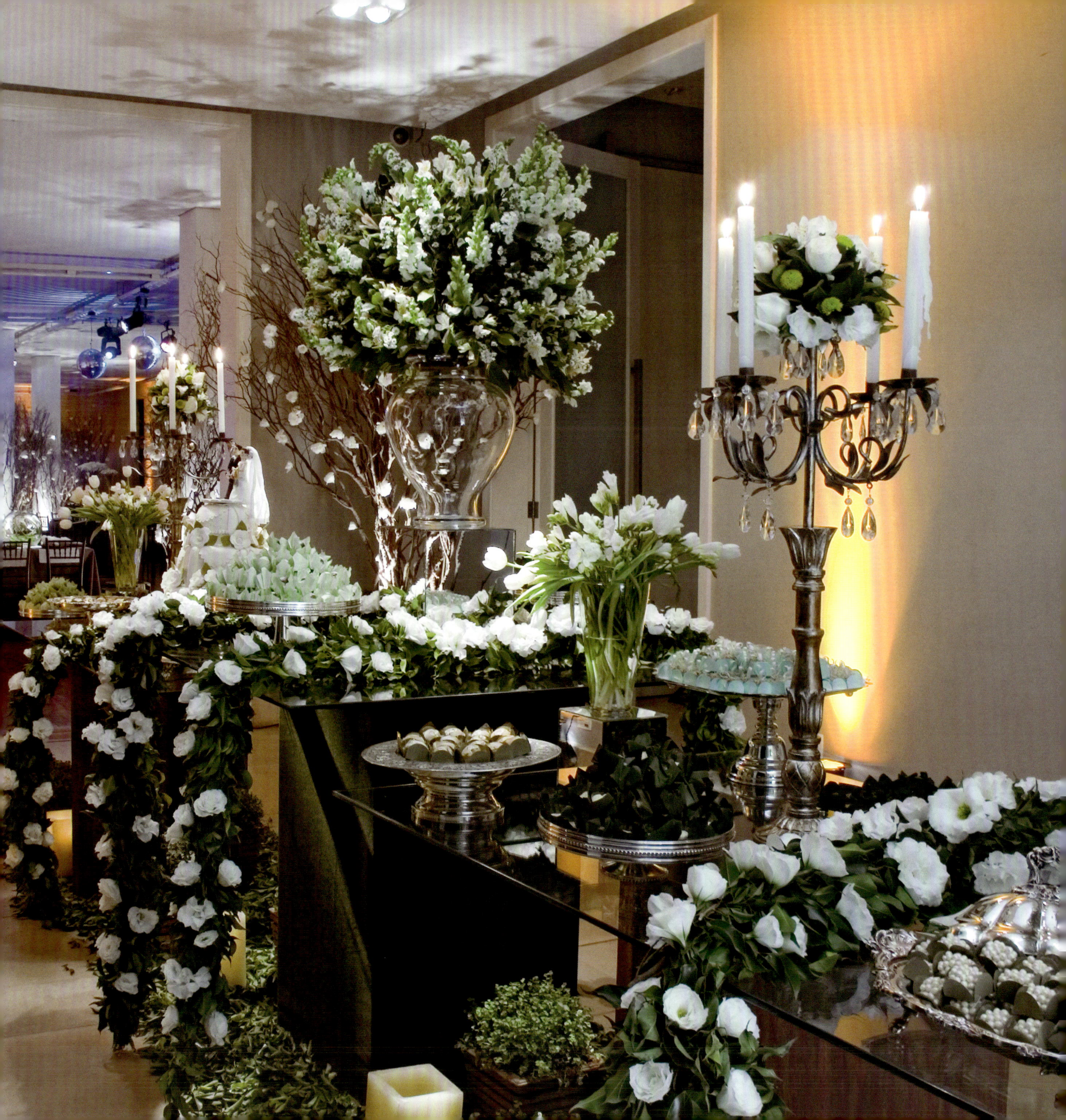

Marcelo Bacchin

O cenógrafo de festas Marcelo Bacchin é um profissional irriquieto. Ele já trabalhou como estilista e já estudou comunicação visual, vitrinismo, arquitetura e escultura. Há 8 anos, no entanto, concentrou sua atividade na área de eventos e hoje é um dos profissionais mais conceituados e requisitados do país.

Ele só fazia design de interiores para casas, lojas e escritórios até o dia em que resolveu cuidar pessoalmente do *décor* do batizado de sua filha. "A repercussão foi tão grande e gerou tantos pedidos para que eu decorasse outras festas que eu acabei mudando meu foco".

Hoje Marcelo faz apenas os projetos e terceiriza toda a execução. "Já tive um enorme acervo de móveis e peças para decoração, mas isso fazia com que todos os eventos ficassem um pouco parecidos. E o que eu e meus clientes queremos é sempre fazer uma celebração original, inesquecível e única".

Fotos: Sergio Luiz Jorge

Reflexos da Purpurina

Para este *Bat Mitzvah* foi criada uma decoração bem moderna. Para ornamentar o salão, o destaque eram as duas árvores em purpurina prata, arrematadas por cristais com flores no entorno. Ao seu redor, bancos na cor lilás quebravam o branco do ambiente.

Na mesa dos doces, luminárias verticais brancas com nichos de fundo espelhado serviam para duplicar o espaço de onde saíam as caixas brancas para as guloseimas. O piso foi revestido em purpurina prata.

A pista de dança recebeu adesivos holográficos que davam um clima *hi tech* para a balada. Três painéis formando imensos telões corriam num trilho na hora das projeções.

Um dos *lounges* era equipado com computadores para quem quisesse navegar na internet ou jogar *vídeo-game*.

A área dos adultos tinha mesas quadradas laqueadas de branco e, do teto, desciam caixas quadradas de vidro com água e velas refletindo os movimentos do líqüido. Os centros de mesa eram formados por flores em tons de lilás e verde.

Para as mesas redondas e espelhadas, apenas um aquário grande com um buquê clássico de flores e castiçais solitários em prata com velas.

Esta festa teve uma cenografia *clean* e moderna, mas tinha também um toque romântico obtido com o uso de flores lilás.

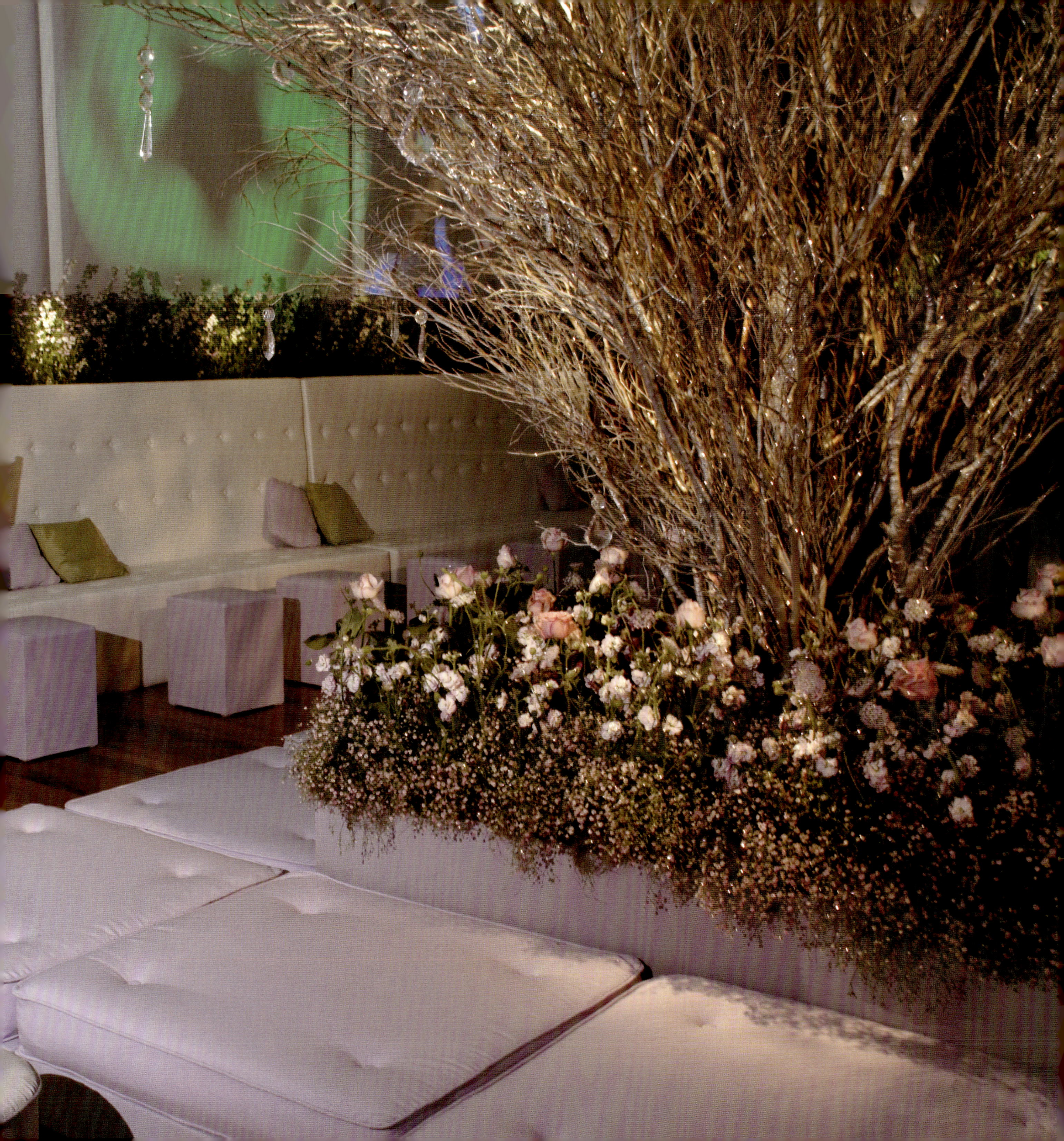

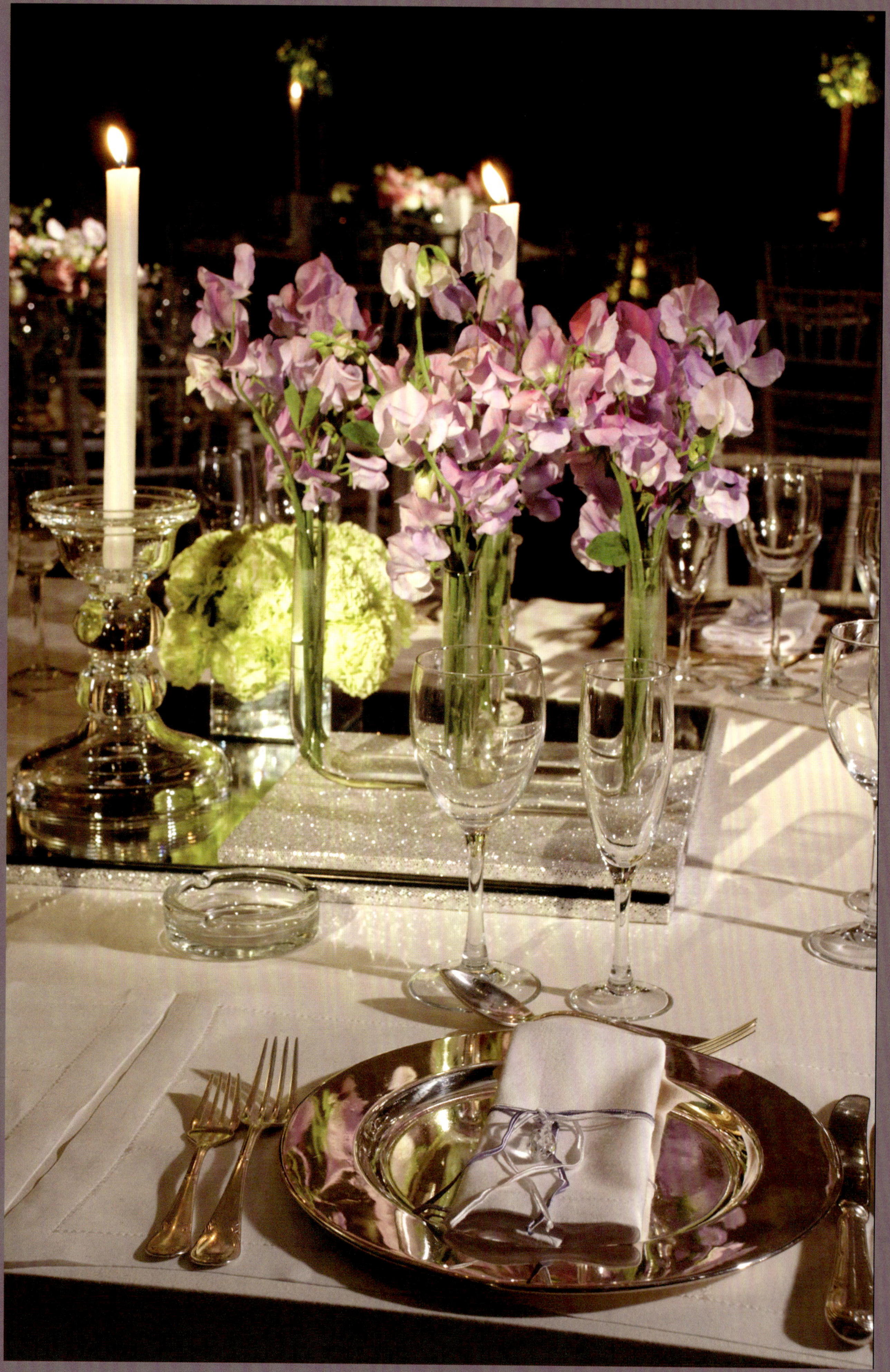

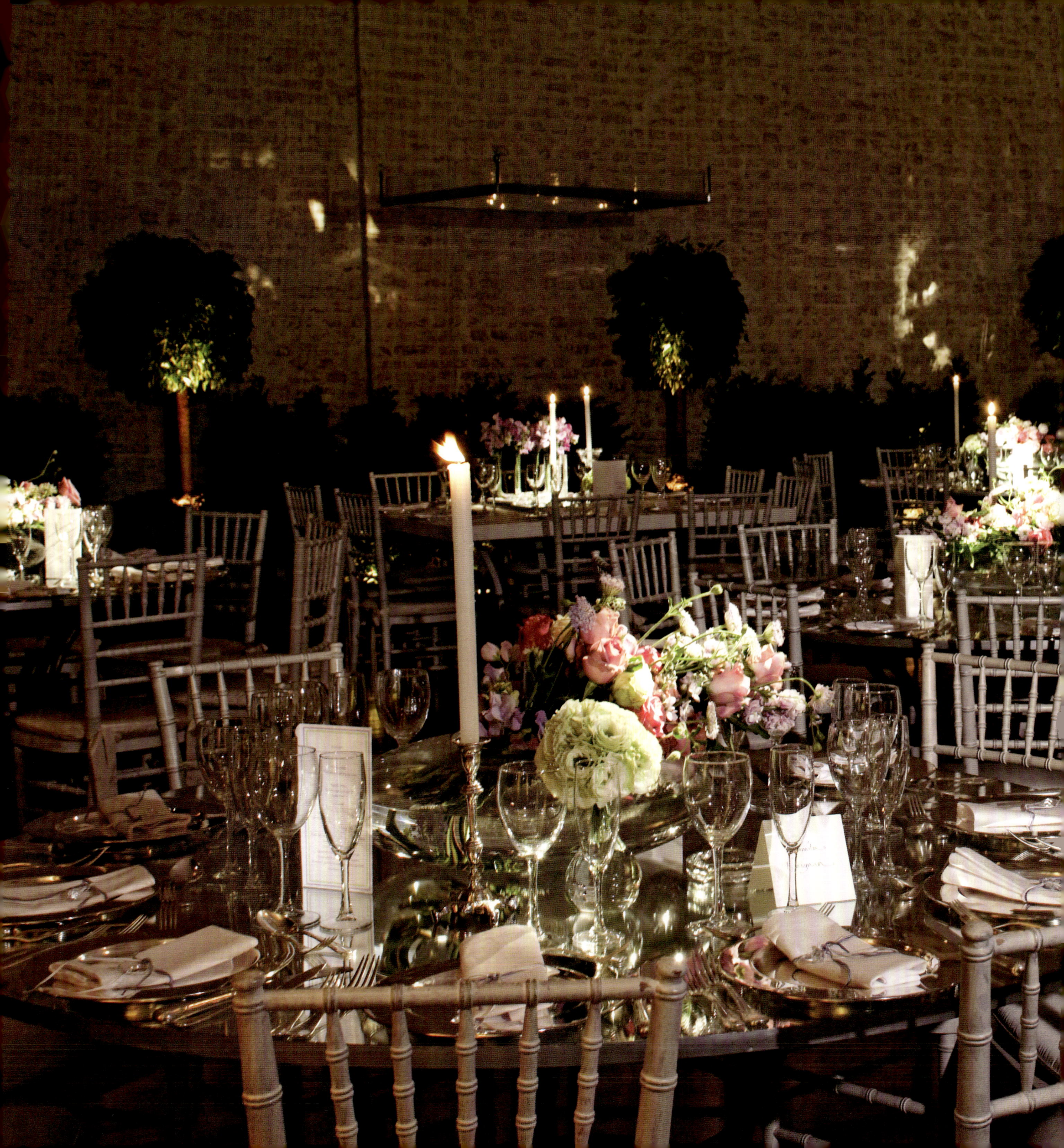

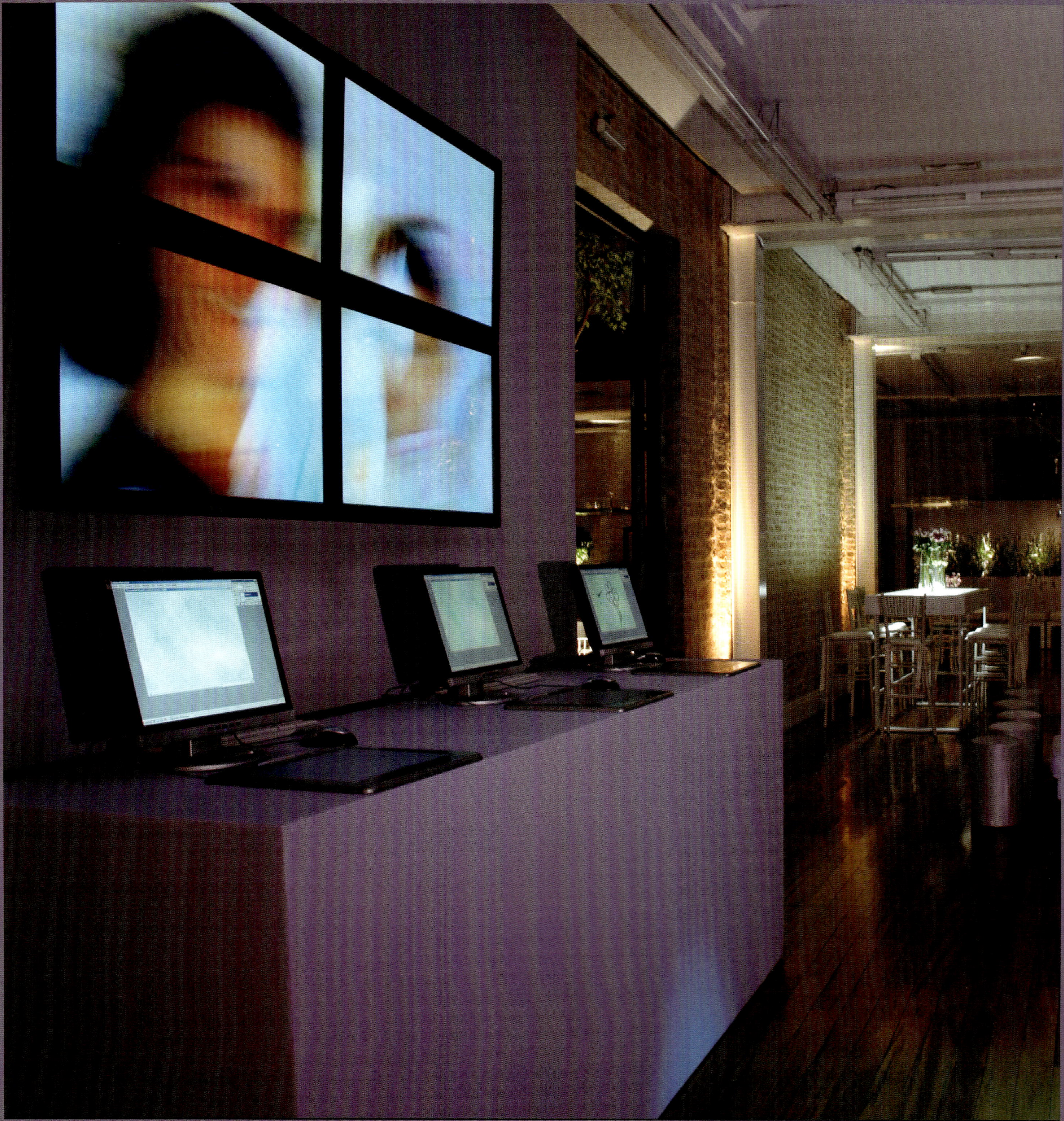

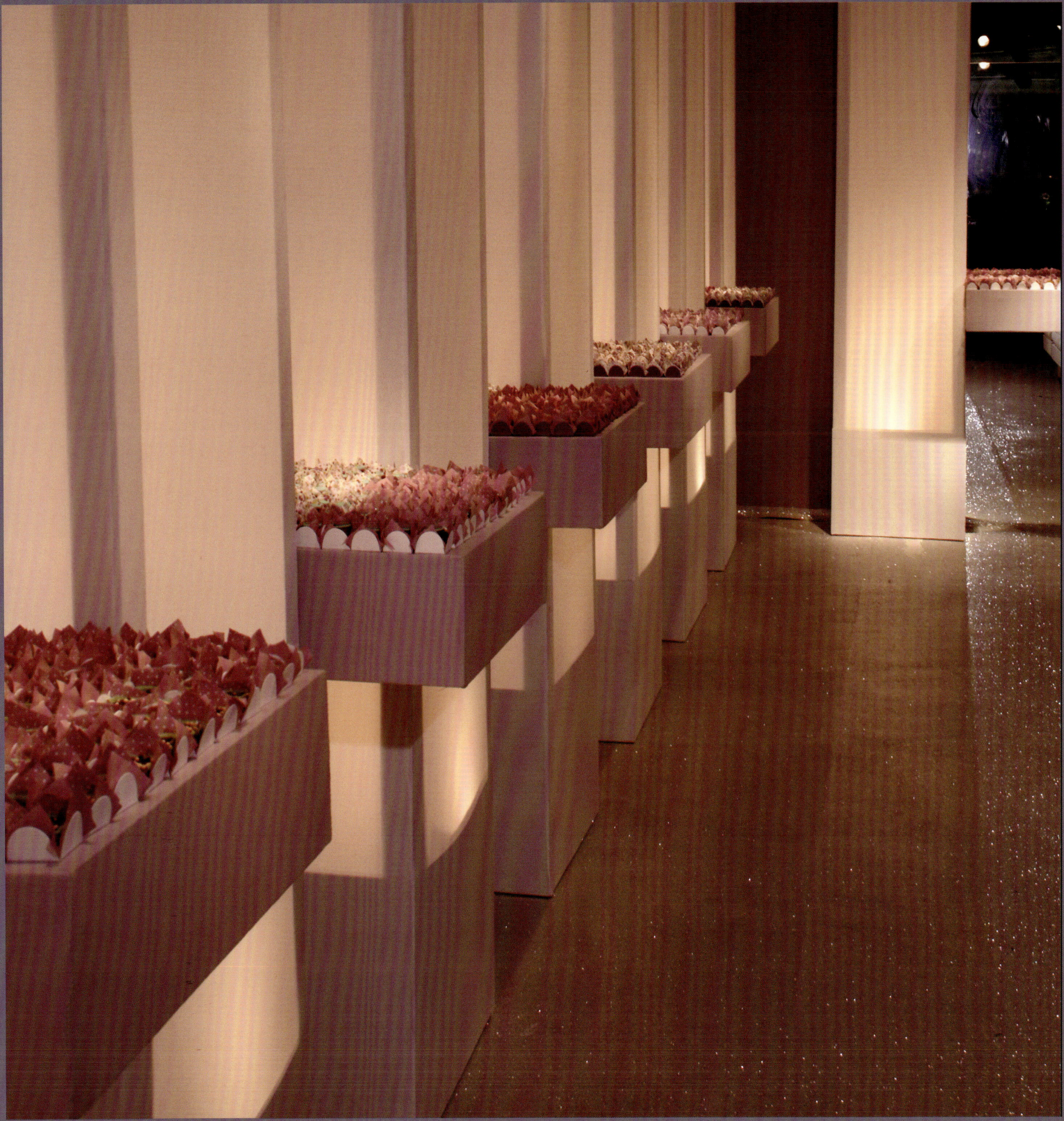

Mariana Campos, Luciana Cox & Renata Carbone

Conhecido pela concepção de eventos alegres, coloridos e criativos, o trio formado pelas arquitetas Mariana Campos, Luciana Cox e Renata Carbone já tem mais de 1000 festas em seu currículo. As meninas da Flower People cuidam de tudo, desde o posicionamento dos móveis à iluminação, passando por detalhes que fazem toda a diferença, como os porta-guardanapos e as embalagens dos bem-casados - além das flores, é claro! A propósito, recentemente Luciana esteve em Nova Iorque, onde se aprimorou com Preston Bailey, o florista das estrelas.

Mariana, Luciana e Renata desenvolvem seu trabalho a partir dos desejos da dona da festa e da arquitetura do salão. "Cada espaço pede um projeto diferente e cada festa tem de ser uma celebração única", diz Mariana.

"Ficamos super felizes quando o cliente liga após a festa dizendo que nós superamos suas expectativas. Isso é muito gratificante".

Fotos: Luísa Meyer

Sofisticado e Casual

O casamento organizado e decorado pela Flower People usou e abusou do branco e dos tons de verde. A noiva queria uma decoração tradicional numa linguagem jovem e atual; partindo desta idéia, a trinca formada por Mariana Campos, Luciana Cox e Renata Carbone apostou no colorido clássico, mas com uma abordagem dinâmica.

Diversos arranjos eram compostos por sete tipos de flores brancas - orquídeas denfale, hortênsias, molucelas, rosas, lírios, bocas-de-leão e everestes. Eles davam textura e volume ao ambiente fazendo jogo com o verde do jardim, das plantas e da arrumação das mesas.

No teto, arranjos suspensos davam continuidade à ambientação e dividiam a cena com bolas brancas de estilo mais moderno.

No pátio, foram colocadas mesas quadradas com passadeiras em verde abacate transpassadas, uma idéia descontraída para um ambiente especial, com jabuticabeiras que traziam um ar de casa.

Na parte interna, o clima era mais sóbrio, com mesas bistrô baixas e toalhas mais tradicionais. A noiva se preocupou em "sentar" todos os convidados. Então, mesas e cadeiras foram muito bem escolhidas.

O tom aconchegante da festa foi arrematado por árvores secas enfeitadas por velas em copos. As chamas das velas - que também apareciam em algumas mesas - deram charme extra à iluminação.

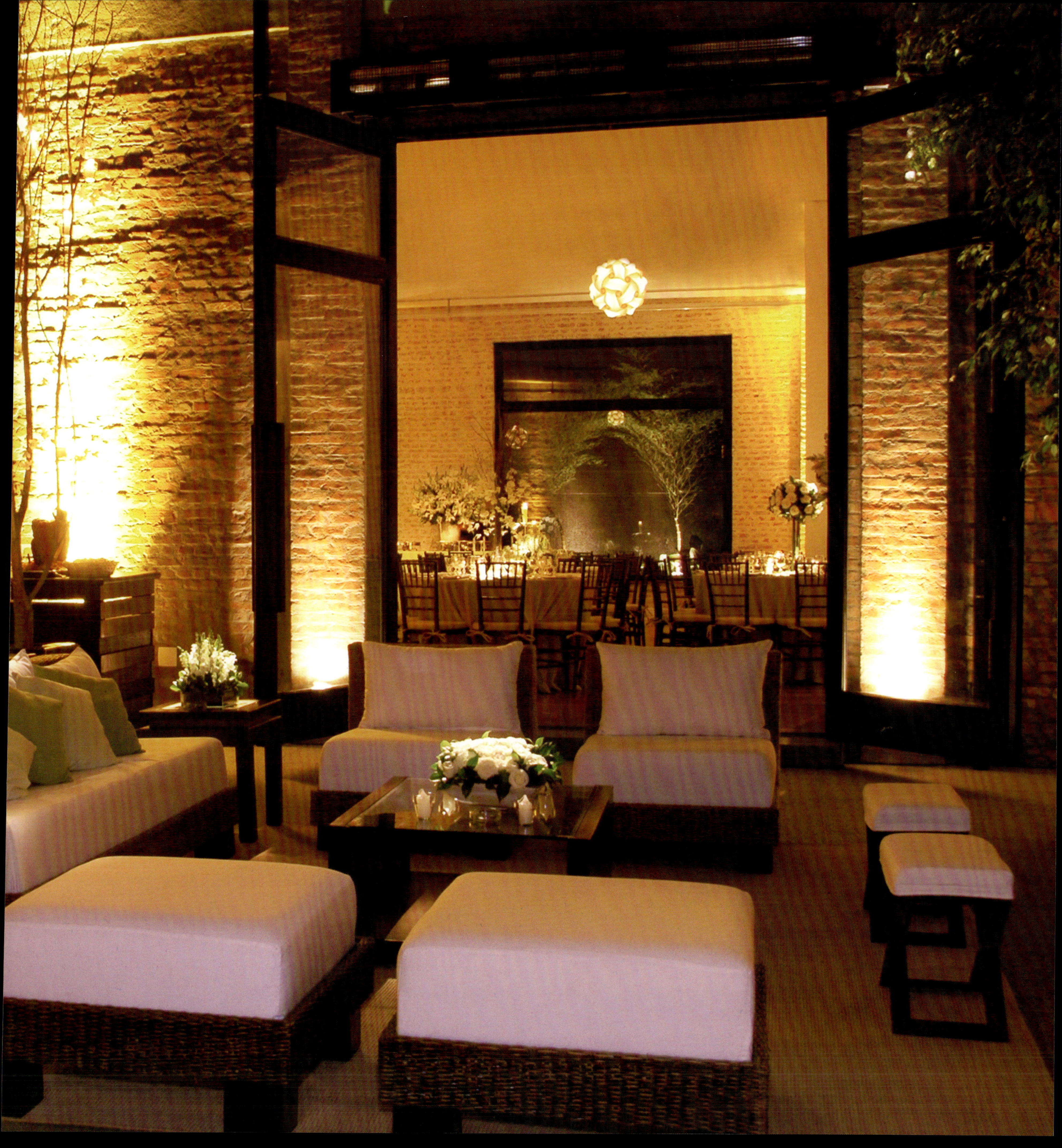

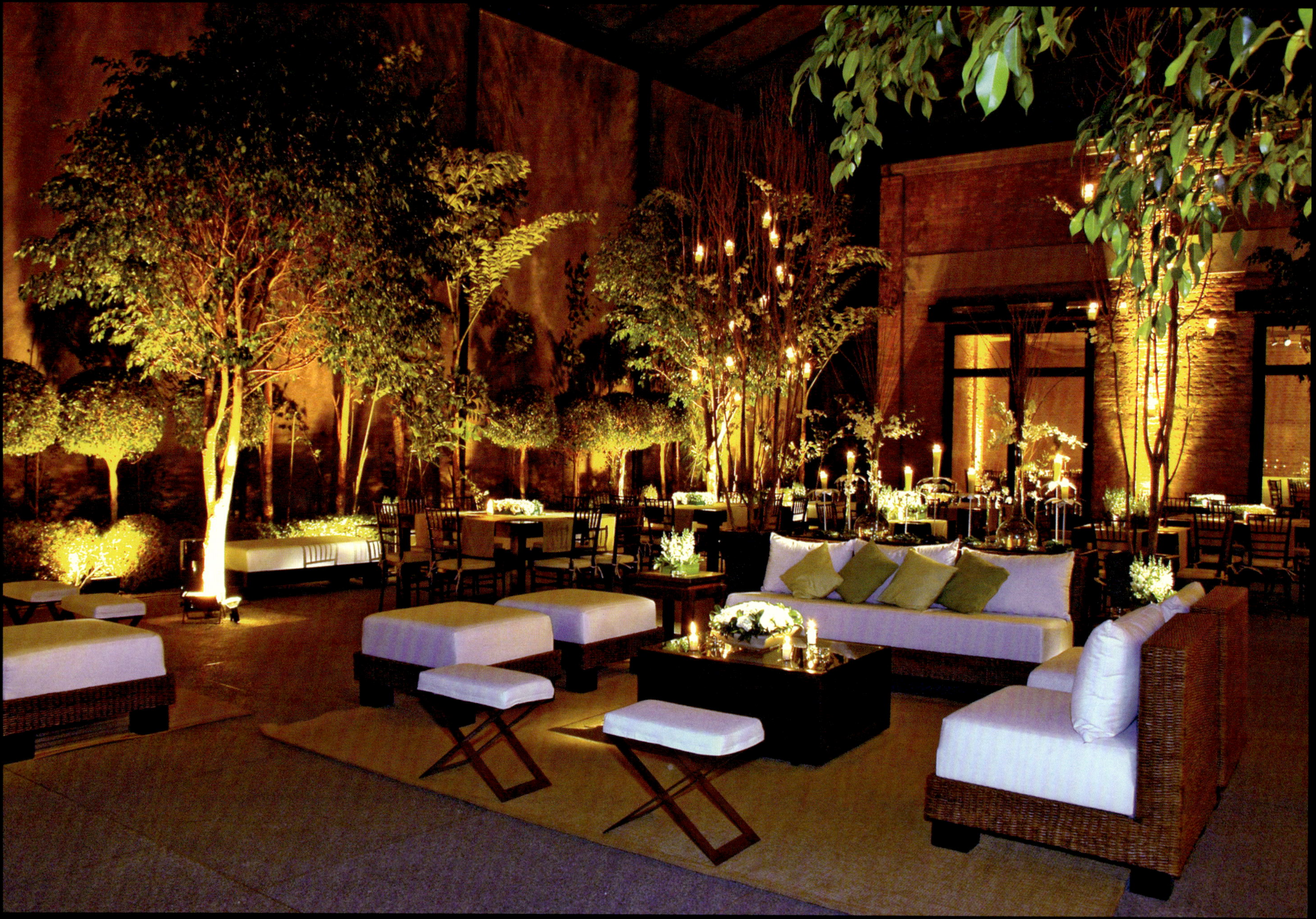

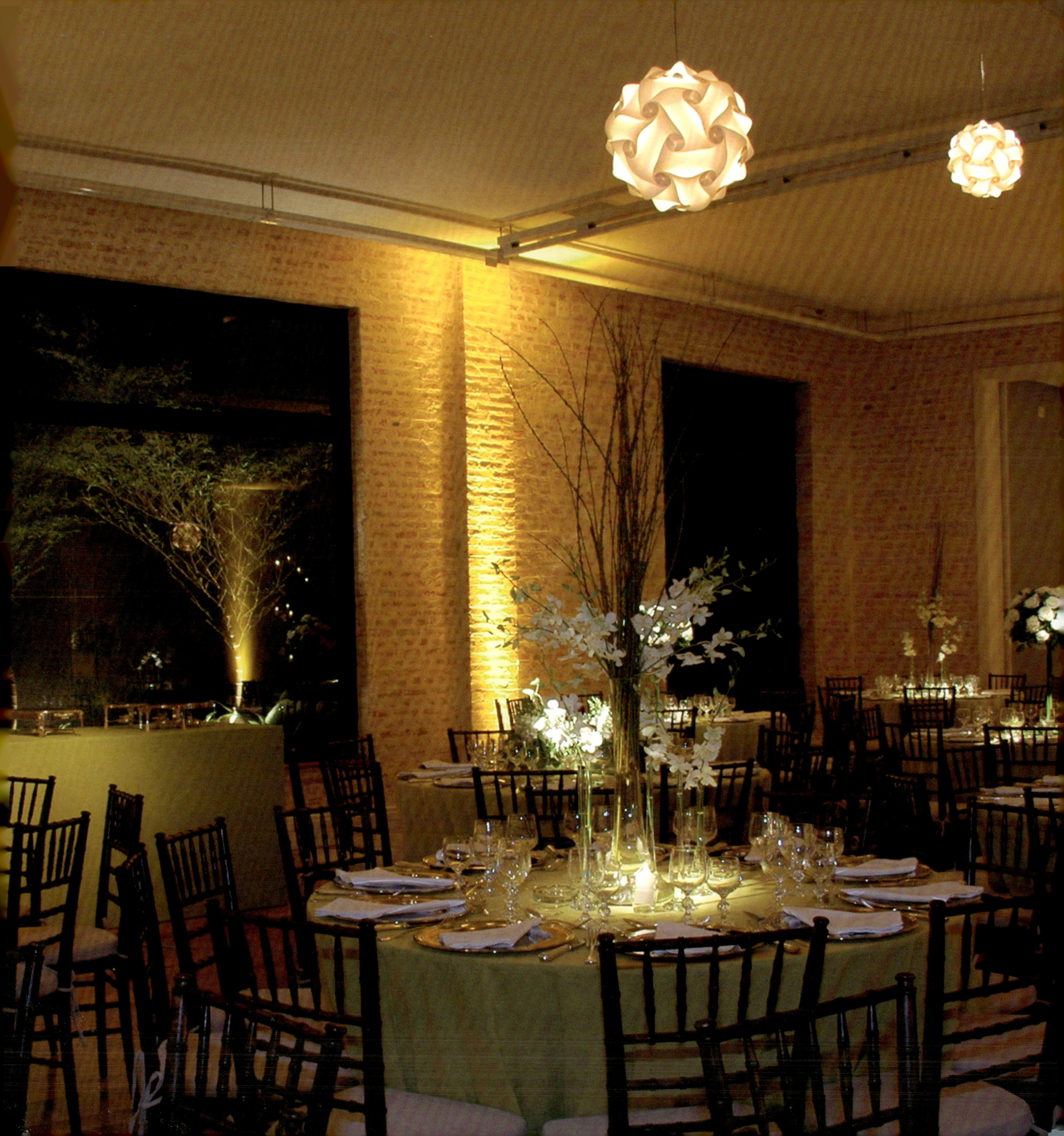

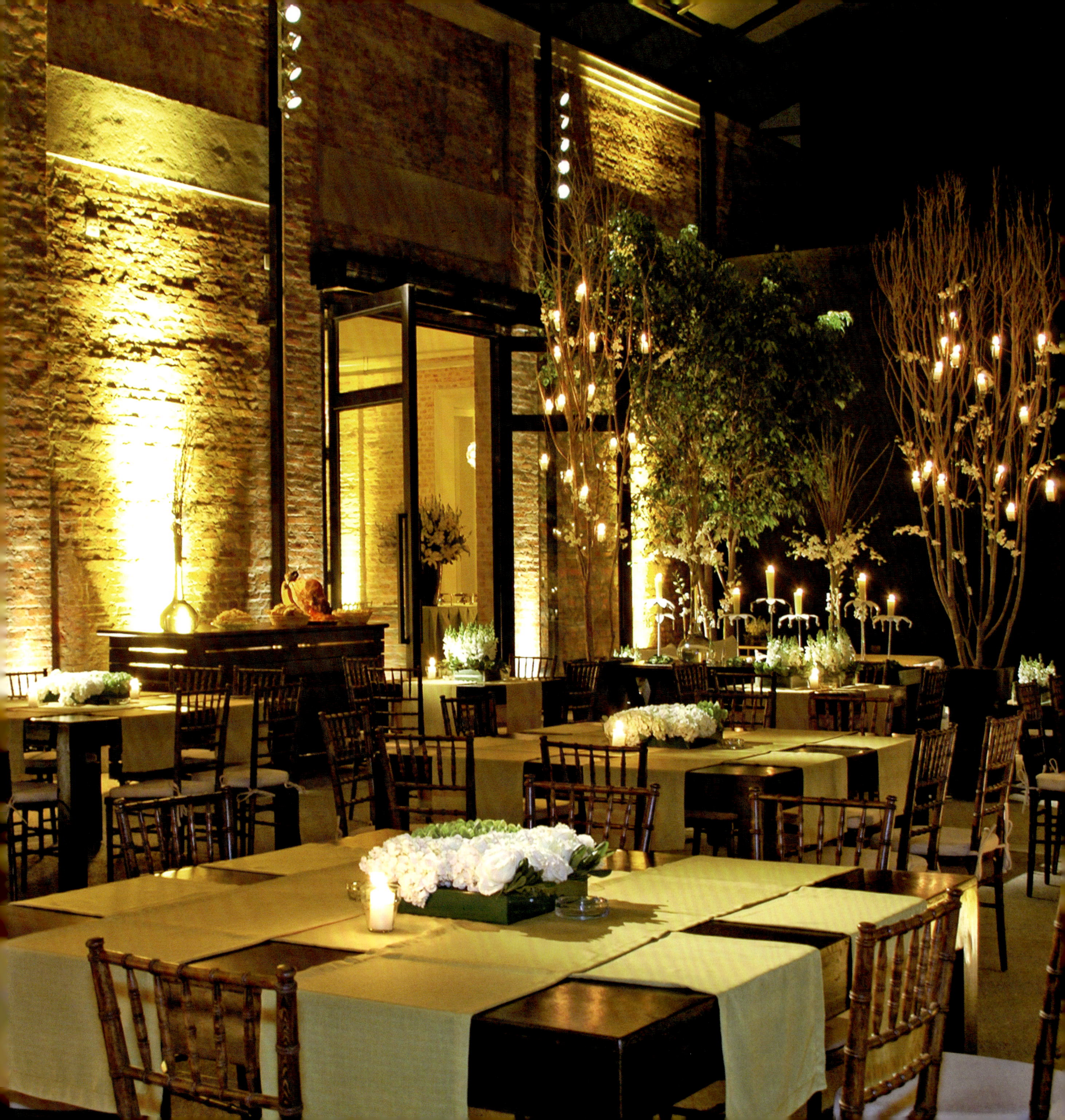

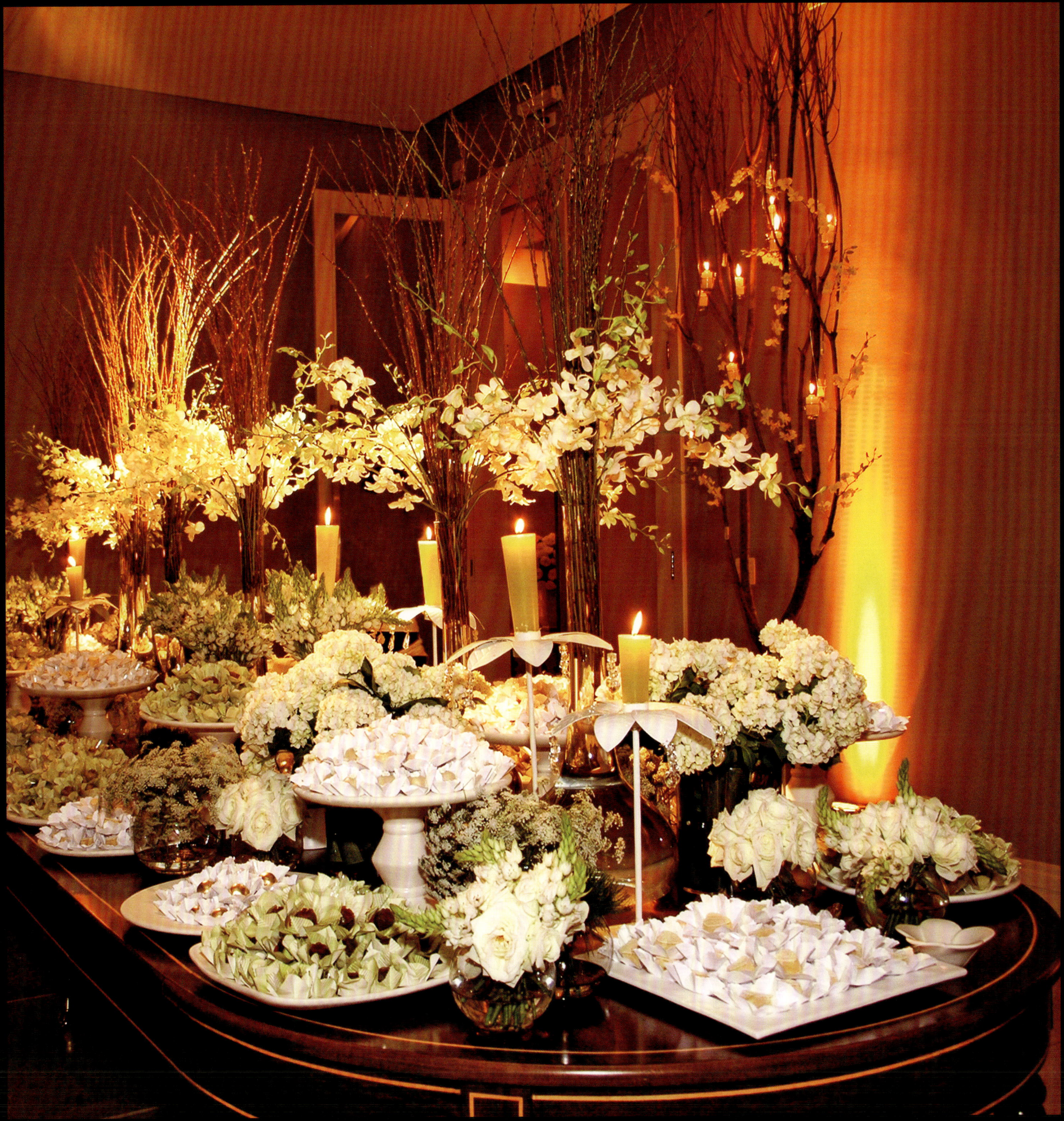

Marina Schroeder

Quando ingressou no mercado de produção de eventos, trabalhando com uma já famosa florista, Marina voltava de uma temporada na Europa e teve que se acostumar com a surpresa de alguns clientes diante de uma profissional de apenas 19 anos. Hoje, com 27 anos, Marina encanta quem contrata os serviços de sua MS Eventos Especiais, com cinco anos de atividade, pelo total domínio de seu ofício. Ela traduz com perfeição os desejos dos clientes. "Pergunto tanto sobre sua vida nas reuniões que, às vezes, alguns estranham, mas logo ficam à vontade quando digo que é meu modo de captar a personalidade para transpô-la para a ambientação da festa. Sempre pergunto, por exemplo, se alguém da família faz trabalhos manuais. Em caso positivo, convido essa pessoa para participar da montagem da festa e dar um toque ultrapessoal". O resultado é algo sensível, e não apenas técnico e profissional.

Fotos: Pipo Gialluisi

Cenário Glamuroso

Os noivos, brasileiros morando na Europa, desejavam algo diferente do que estavam acostumados a ver em todo casamento. Queriam surpreender com algo ousado, mas ao mesmo tempo trazer conforto aos convidados. O projeto foi inspirado em trabalhos londrinos do arquiteto francês Philippe Starck.

Os tons escuros predominaram na cerimônia religiosa. Um cortinado cor-de-vinho com 8,5m emoldurado por árvores de ficcus ocupou todo o fundo do altar. A nave central foi delimitada com colunas de espelho de diferentes alturas, enormes castiçais de cristal trabalhado e flores brancas. Sobre os noivos, um lustre de cristal negro.

Pelo salão, mesas redondas de espelho com toalhas pretas adamascadas foram distribuídas em meio a mesas quadradas de madeira com caminhos e jogos americanos de linho branco. As flores neste momento da festa tinham tons fortes de rosa antigo, roxo e vinho.

Uma grande mesa comunitária tinha castiçais de velas com diferentes formatos, tamanhos e estilos.

A proposta de se usar uma cor de flor na cerimônia, neste caso o branco, e outra na festa, os tons de rosa antigo, roxo e vinho, criaram um contraste forte, porém suave e harmonioso que deslumbrou os convidados.

Nas mesas de doces, as delícias eram dispostas em bandejas de cristal e forminhas verde escuro.

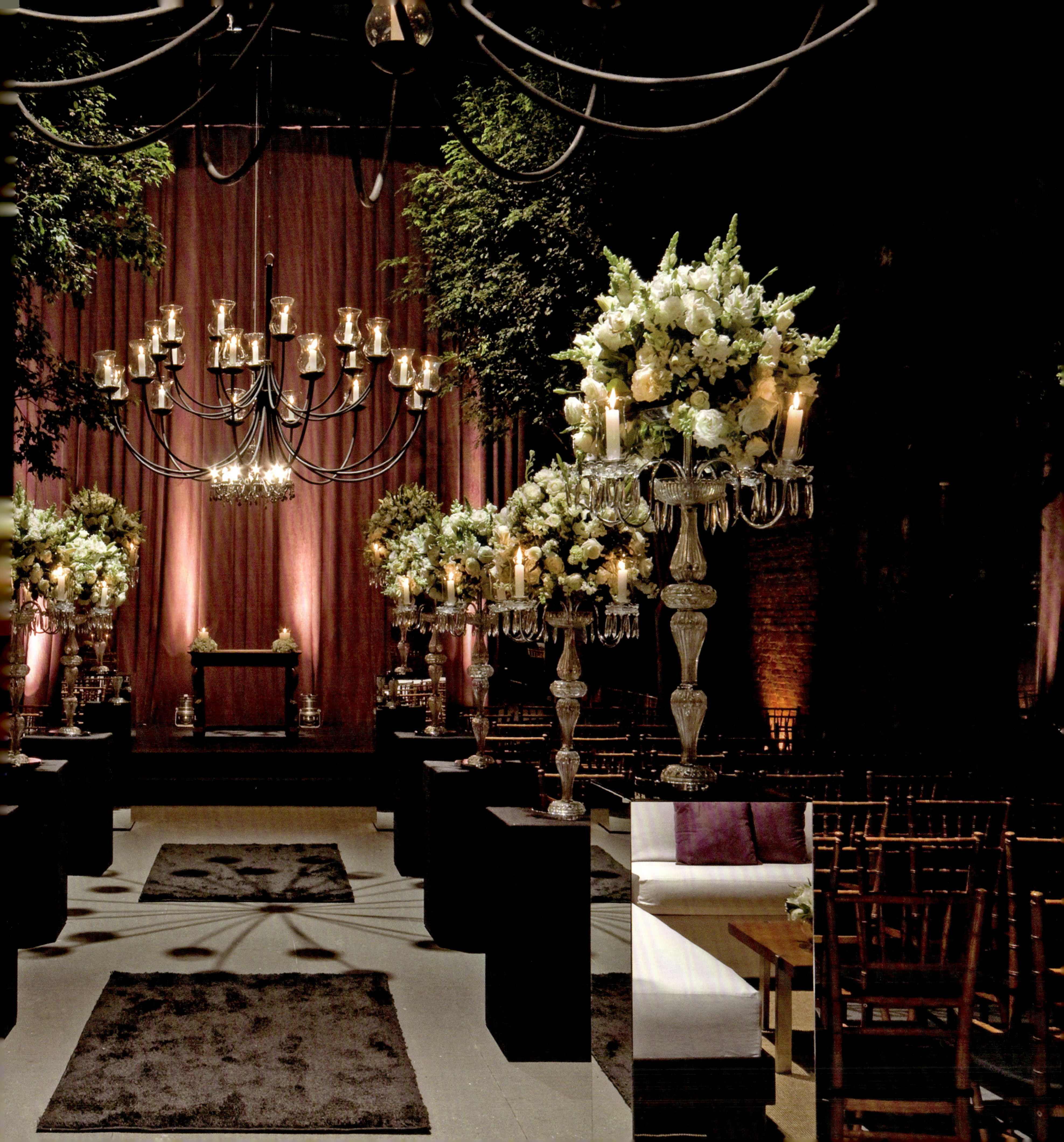

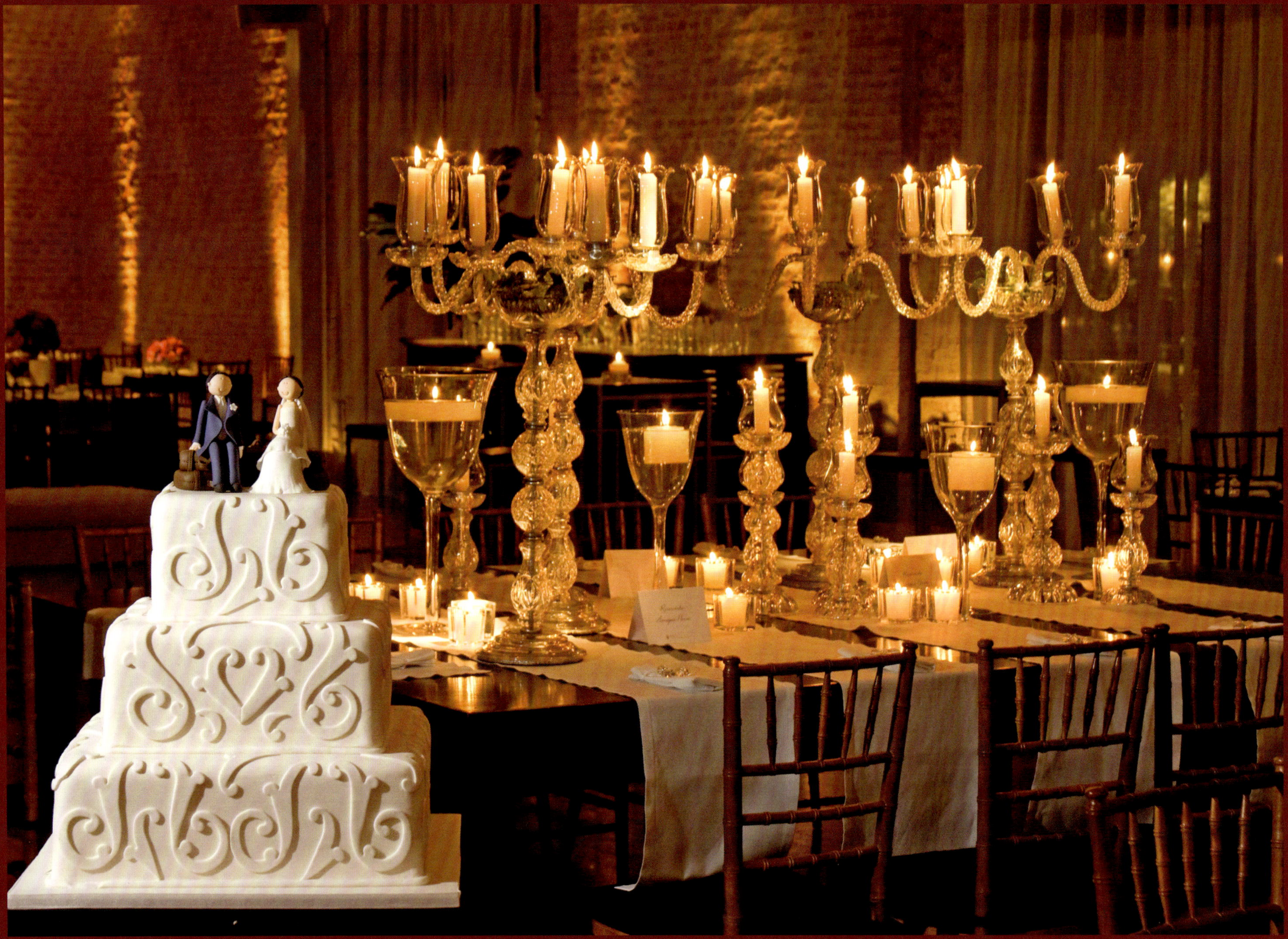

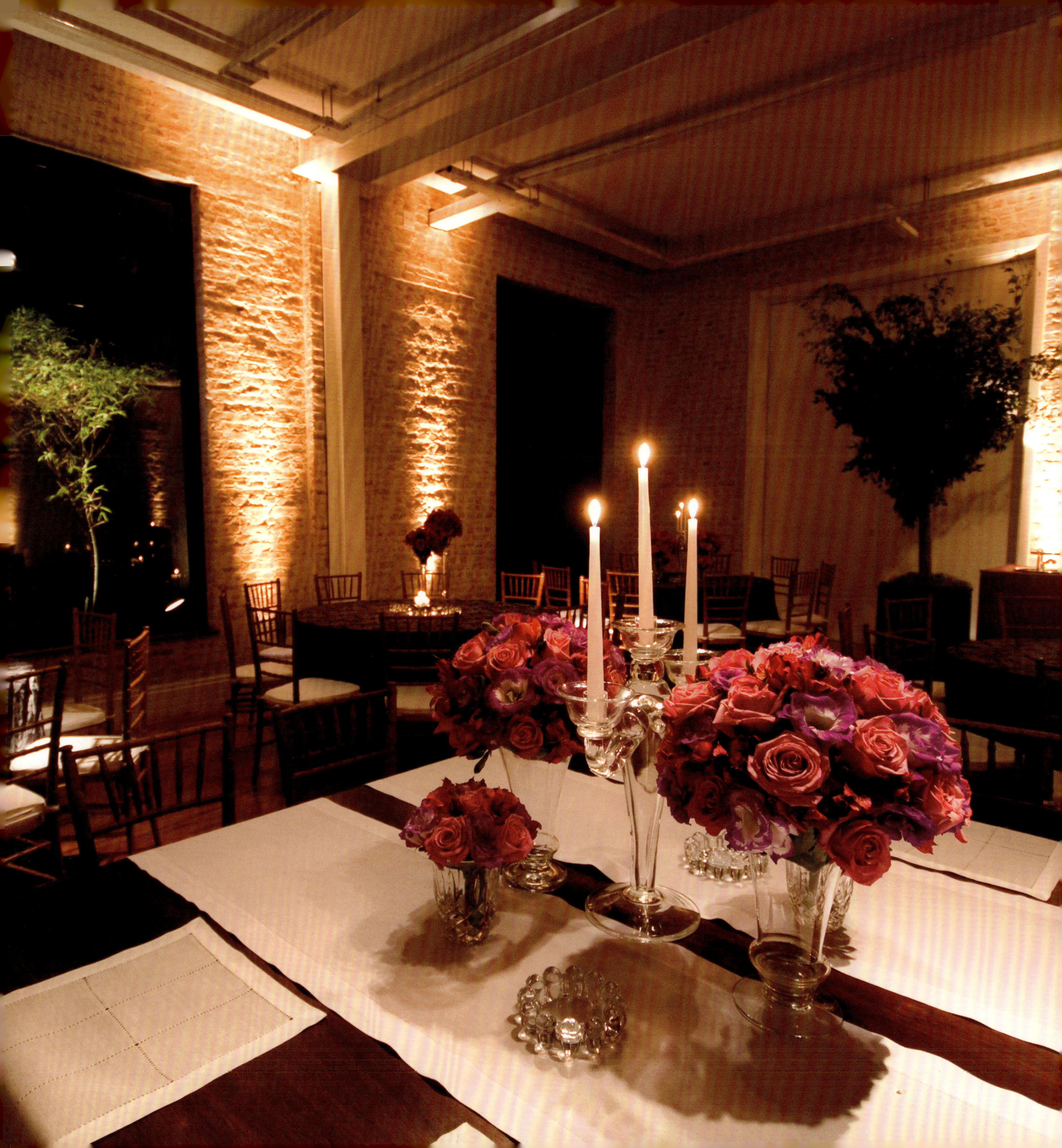

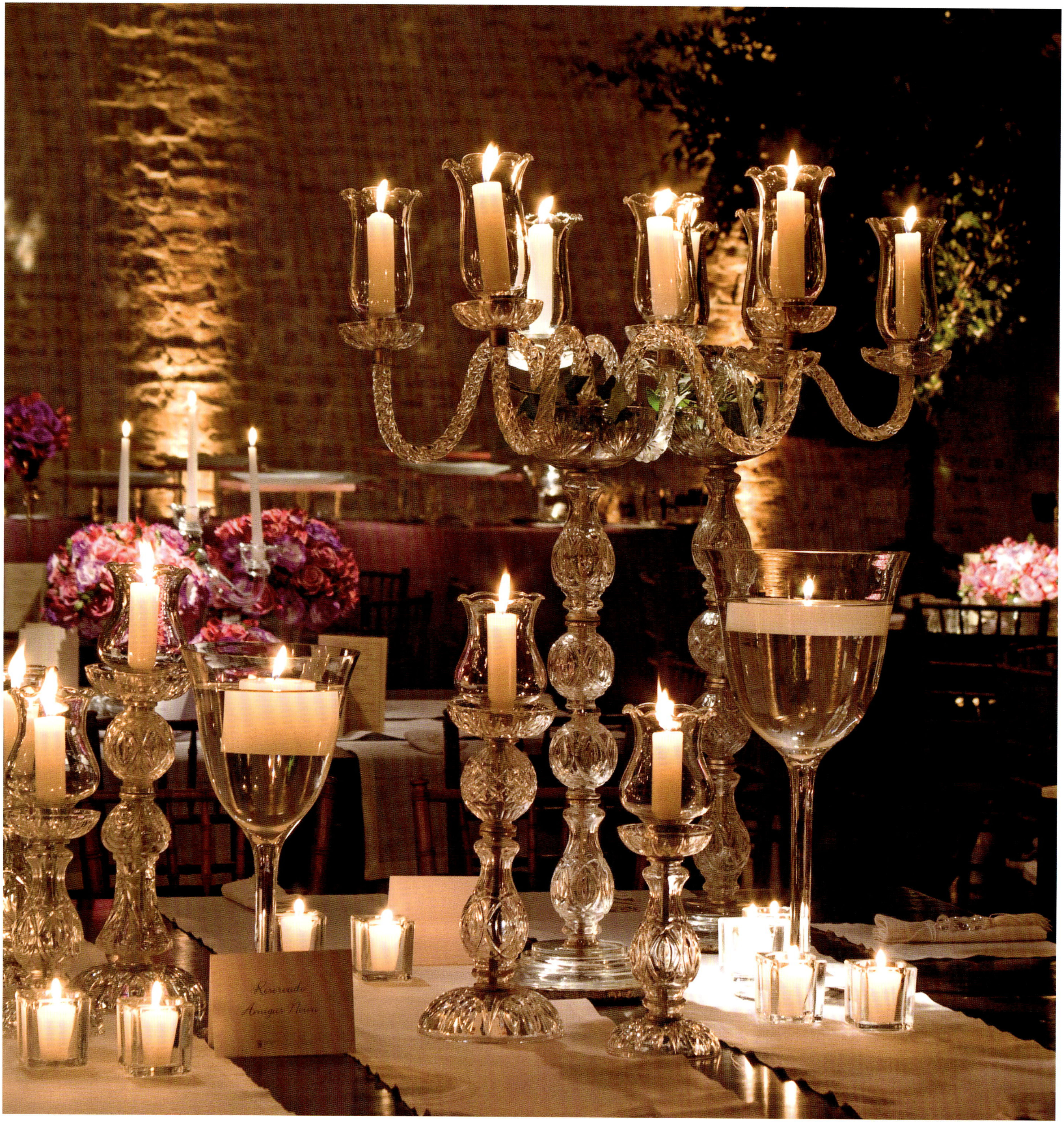
Reservado
Amigas Noiva

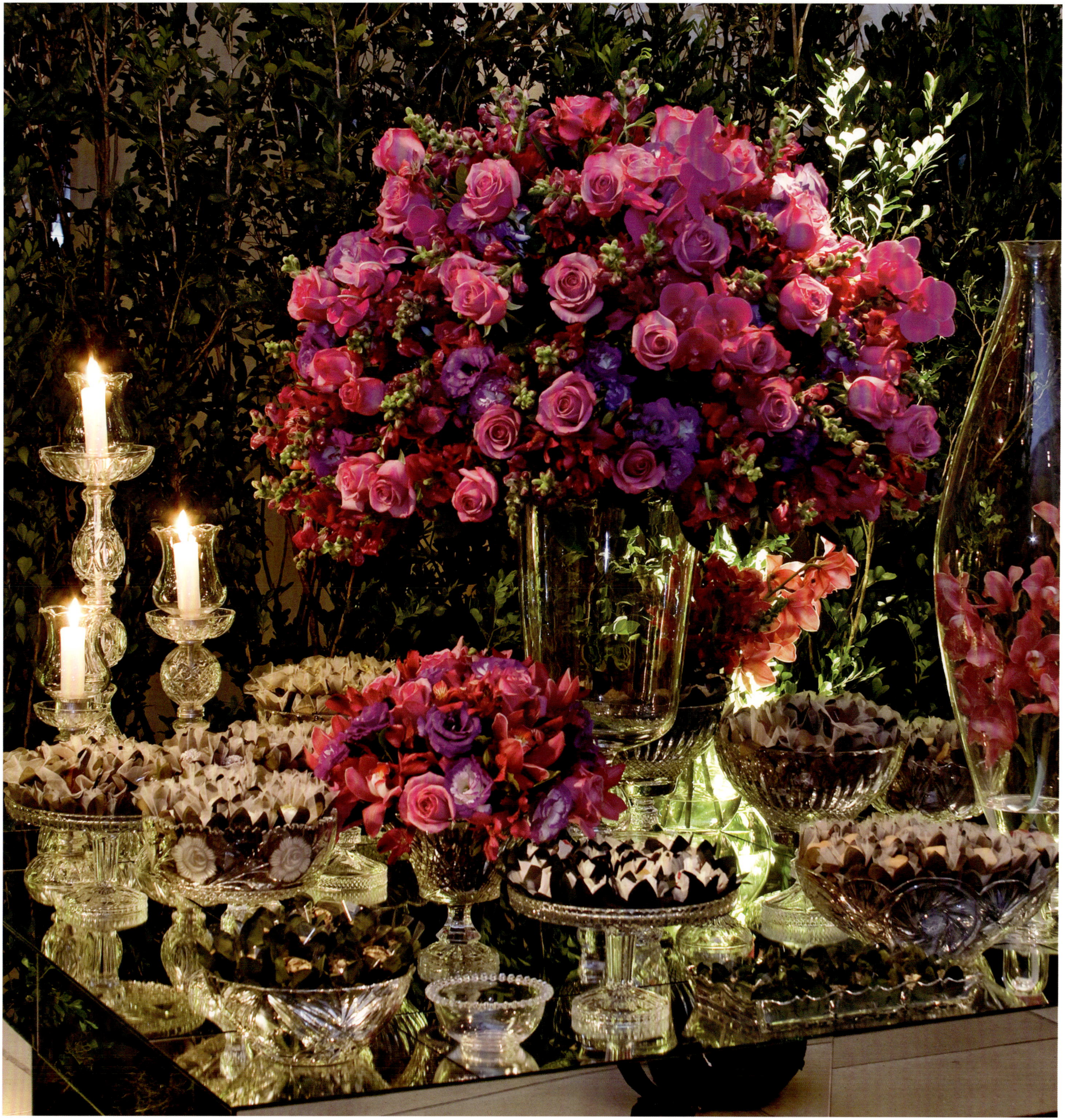

Patricia Monti & Patricia Monti

Respectivamente nora e filha de Vera Monti, as cunhadas homônimas Patrícia Monti (Pi) e Patrícia Monti (Paty) adquiriram no convívio com a respeitada decoradora um incrível *know-how* para a decoração de festas. Pi, bióloga por formação, foi a primeira a ser seduzida pelo ofício de Vera, há aproximadamente 18 anos. Paty é mais recente no mercado - só em 2004 ela fechou sua loja de moda infantil e passou a se dedicar integralmente às festas. A sintonia da dupla é perfeita. Paty tem um olhar mais apurado para a produção de casamentos, enquanto Pi prefere as festas de 15 anos, pela oportunidade de mergulhar sem limites criativos nas idéias das jovens aniversariantes. "Hoje sou chamada para decorar muitas festas para as filhas das noivas cujos casamentos produzi há quinze anos. Esta é a melhor prova de que o trabalho que executei deixou excelentes recordações", observa a bem-humorada Pi.

Fotos: Luísa Meyer

Tropical

Para transformar os salões de uma festa de 15 anos em uma verdadeira floresta tropical, Pi Monti usou estampas de hibiscos para os tecidos das camisas dos garçons, para forrar os cones dos lustres, as poltronas em forma de flor e as almofadas.

Os hibiscos, que também ilustravam o convite da festa, decoravam o *hall* de entrada e apareciam na tela das TVs de plasma que, quando tocadas por uma caneta digital, cediam espaço para que os convidados deixassem suas mensagens para a debutante - uma espécie de livro de ouro moderno. Os recadinhos ali deixados eram posteriormente projetados em telões de *lycra*.

Outros elementos-chave da decoração eram os arranjos com mais de três metros de altura que emprestavam ares de floresta à festa.

Na ala reservada aos adultos, os arranjos exóticos apareciam também no centro das mesas baixas, resultando na mesma sensação. Coqueiros, bananeiras e outros elementos tropicais completavam o clima.

A mesa de doces no estilo Selva Amazônica, com muito verde, tinha forminhas em formato de plantas.

Móveis de *rattan* complementavam esse cenário lúdico, enquanto a iluminação âmbar dava um toque final de tropicalidade.

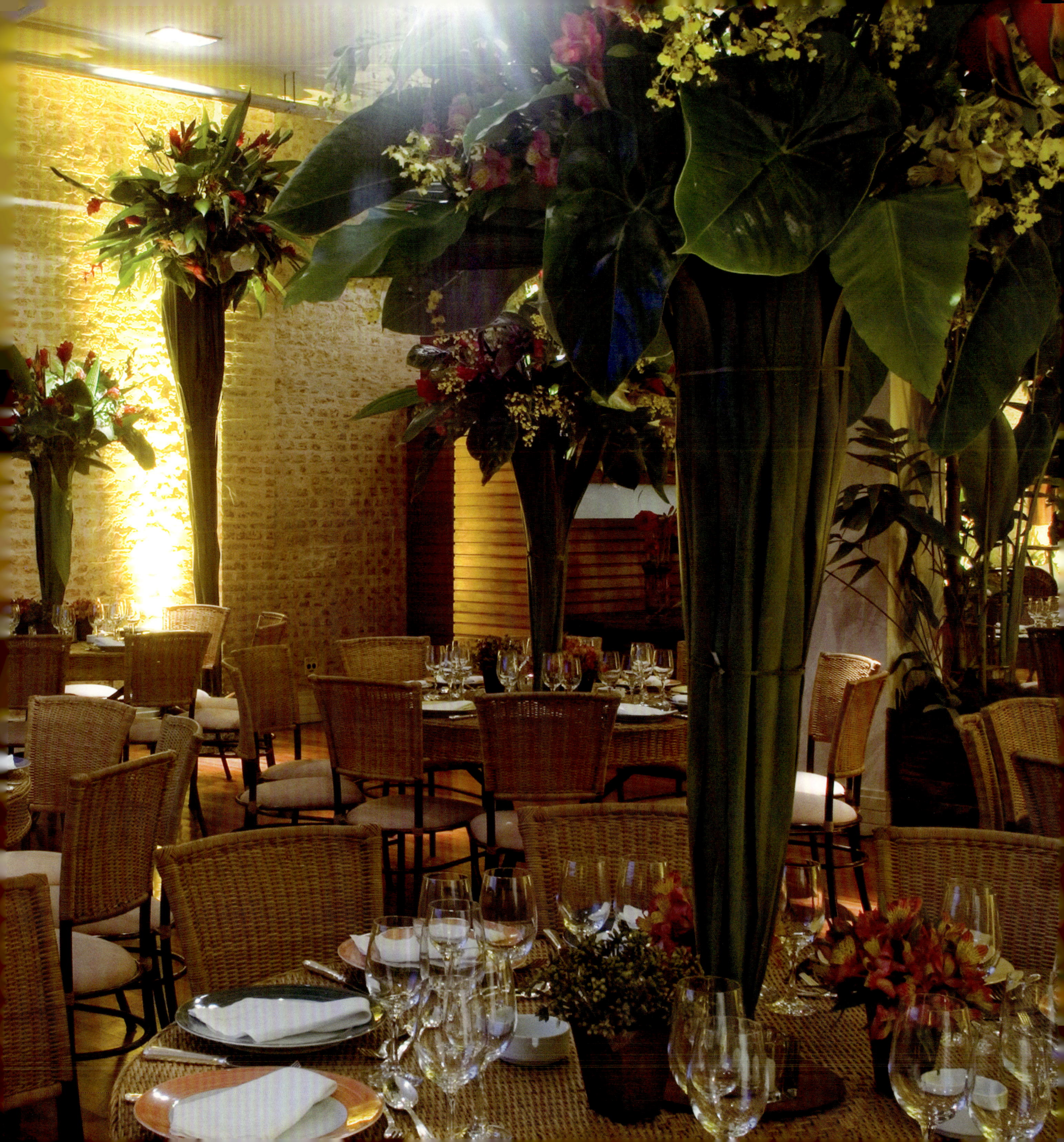

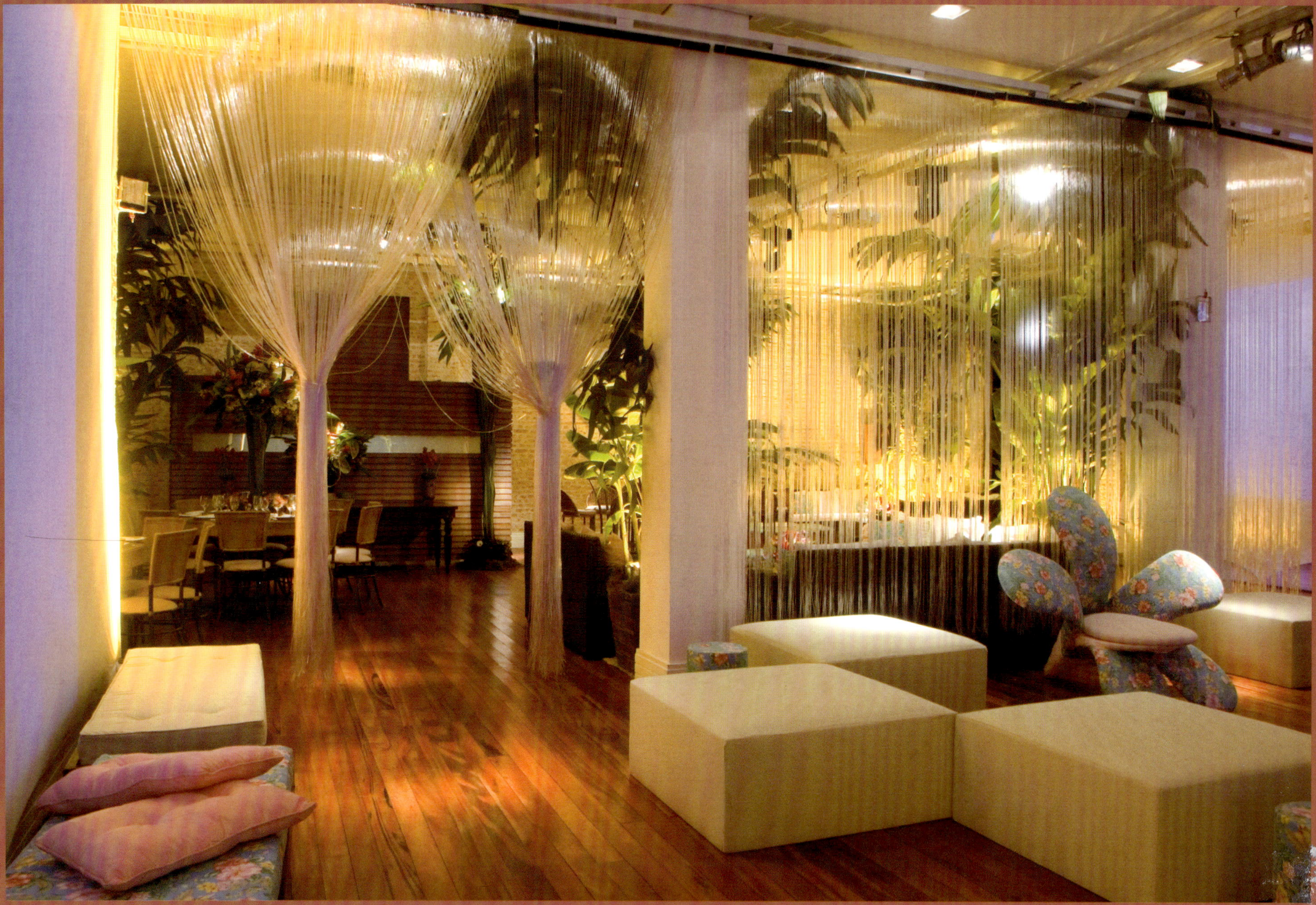

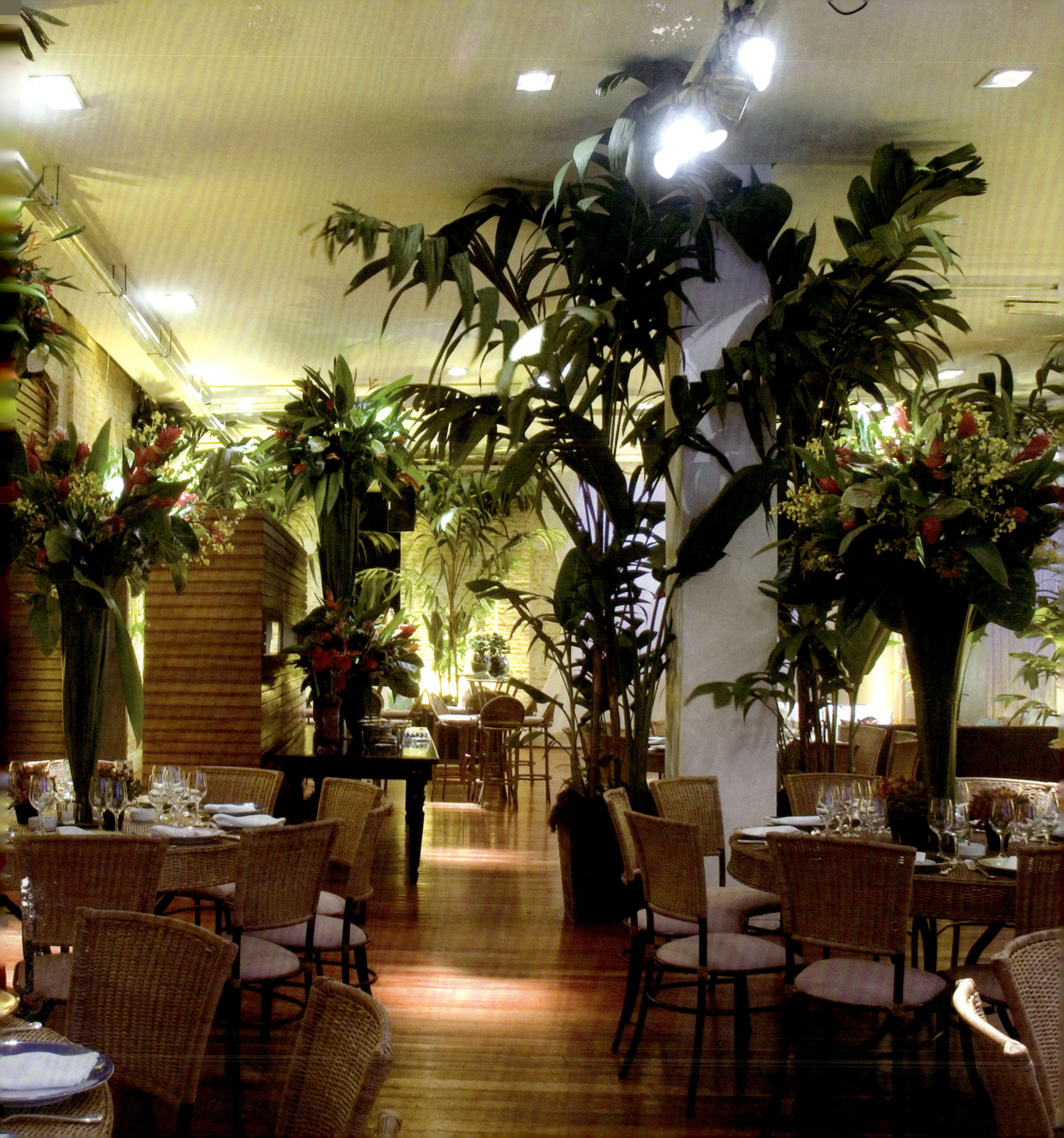

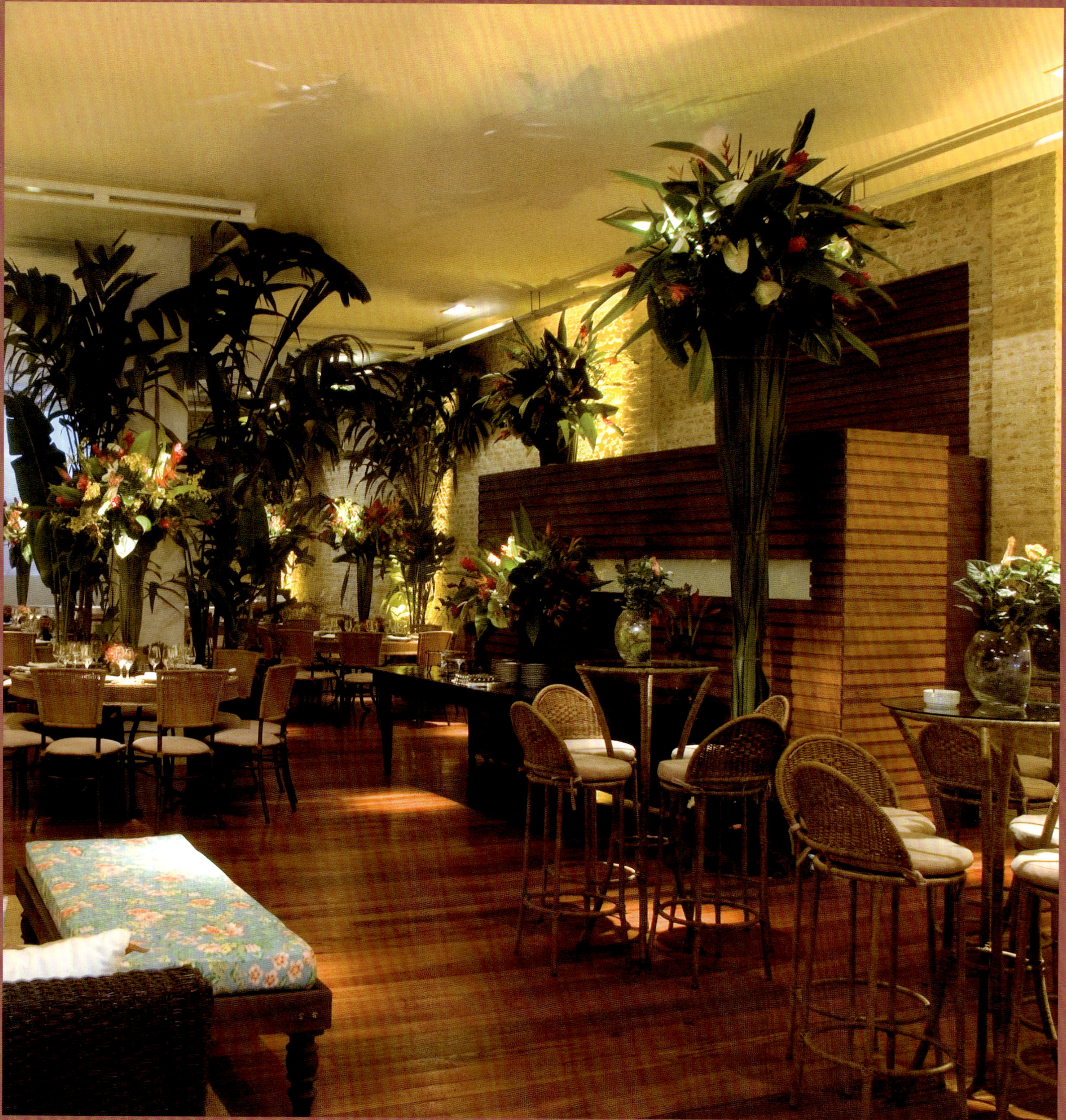

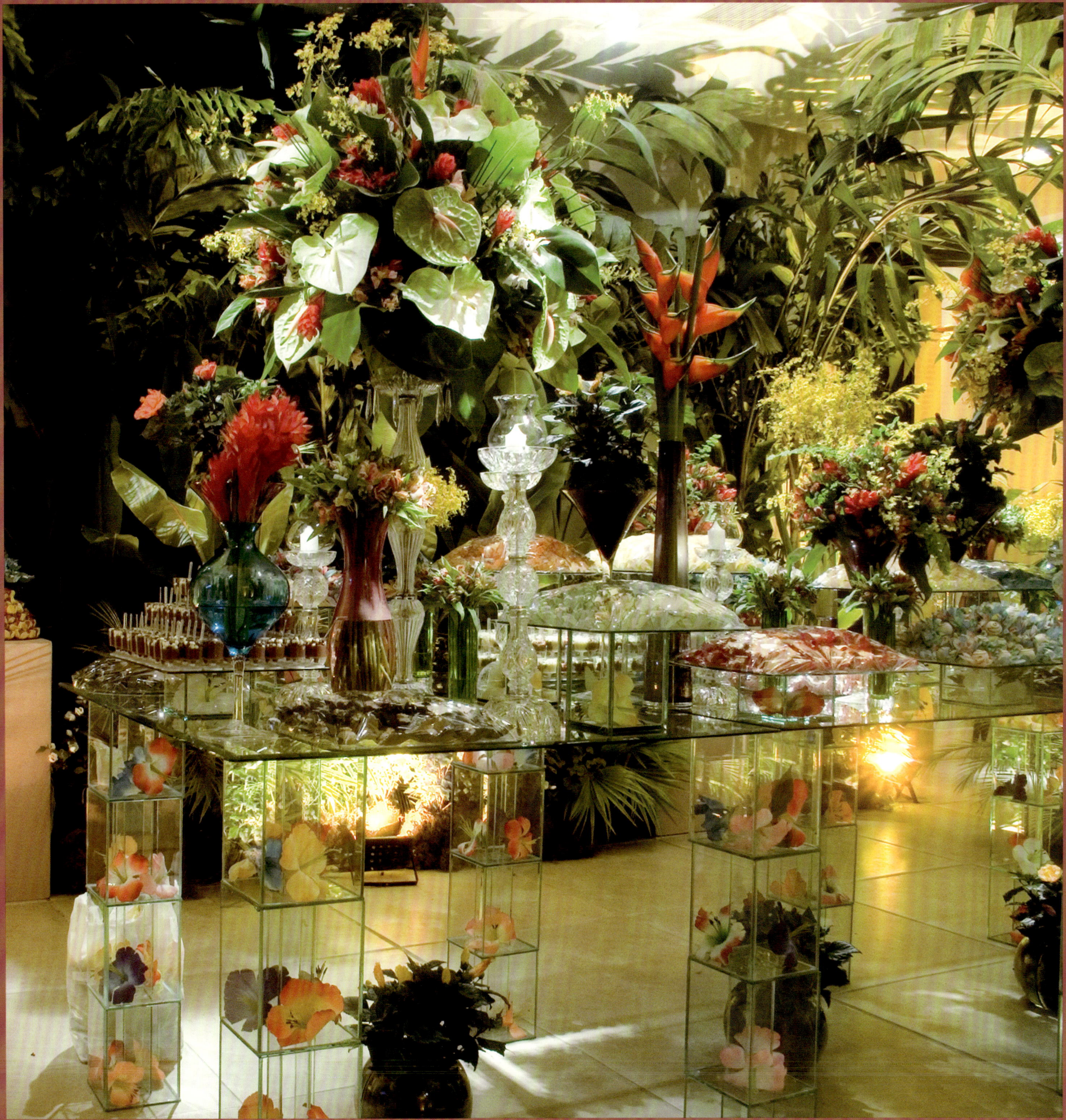

Simone Kauffmann

Economista de formação, Simone Kauffmann começou a trabalhar na área de eventos em uma administradora de *shopping centers*. Em seguida, trabalhou em uma grande empresa de projetos cenográficos. Começou sua carreira solo em 2003, desenvolvendo cenários para eventos corporativos e festas sociais. Em suas criações, Simone traduz com bom gosto e dentro de um conceito bem definido os sonhos de seus clientes. "Procuro materiais inovadores, que possam compor uma harmonia no visual".

Para manter-se atualizada às novas tendências, Simone viaja constantemente ao exterior para trazer novos lançamentos do setor. "Este é um mercado muito competitivo que demanda uma infinita criatividade. Já tive que reproduzir cenários incríveis, como um castelo europeu e um templo japonês. Foram grandes desafios, mas sou apaixonada pelo que faço".

Fotos: Salvador Cordaro

Tradição com Modernidade

Simone Kauffmann criou para esta celebração da maioridade religiosa judaica um clima moderno e sofisticado. Afinal, este é um evento que por natureza mistura tradição e juventude.

O verde foi adotado como cor principal e estava presente em vários elementos da decoração: das luminárias às flores, dos tecidos usados na decoração das mesas às forminhas dos doces.

Simone aproveitou o gazebo para simular um jardim, com orquídeas e velas penduradas. Arranjos com copos-de-leite esverdeados e variadas folhagens foram montados em vasos de vidro dos mais diversos formatos, cores e tamanhos.

No *hall* de entrada, ela usou o símbolo da maioridade, as 13 velas, dispostas em cubos com líquidos esverdeados.

Móveis contemporâneos foram usados na parte interna do salão. Tanto as peças que compunham os *lounges* como as cadeiras altas que ficavam em volta dos balcões tinham essa característica. Nos *lounges*, as mesinhas e banquetas eram de madeira escura e tinham almofadas brancas. Os aparadores, também em madeira escura, tinham um *design* igualmente contemporâneo. Por fim, havia cadeiras e sofás de *rattan*, que compunham um ambiente informal e elegante, perfeito para a garotada.

Os centros de mesa eram enfeitados com um espelho redondo e um arranjo baixo com rosas brancas, numa composição moderna e *clean*.

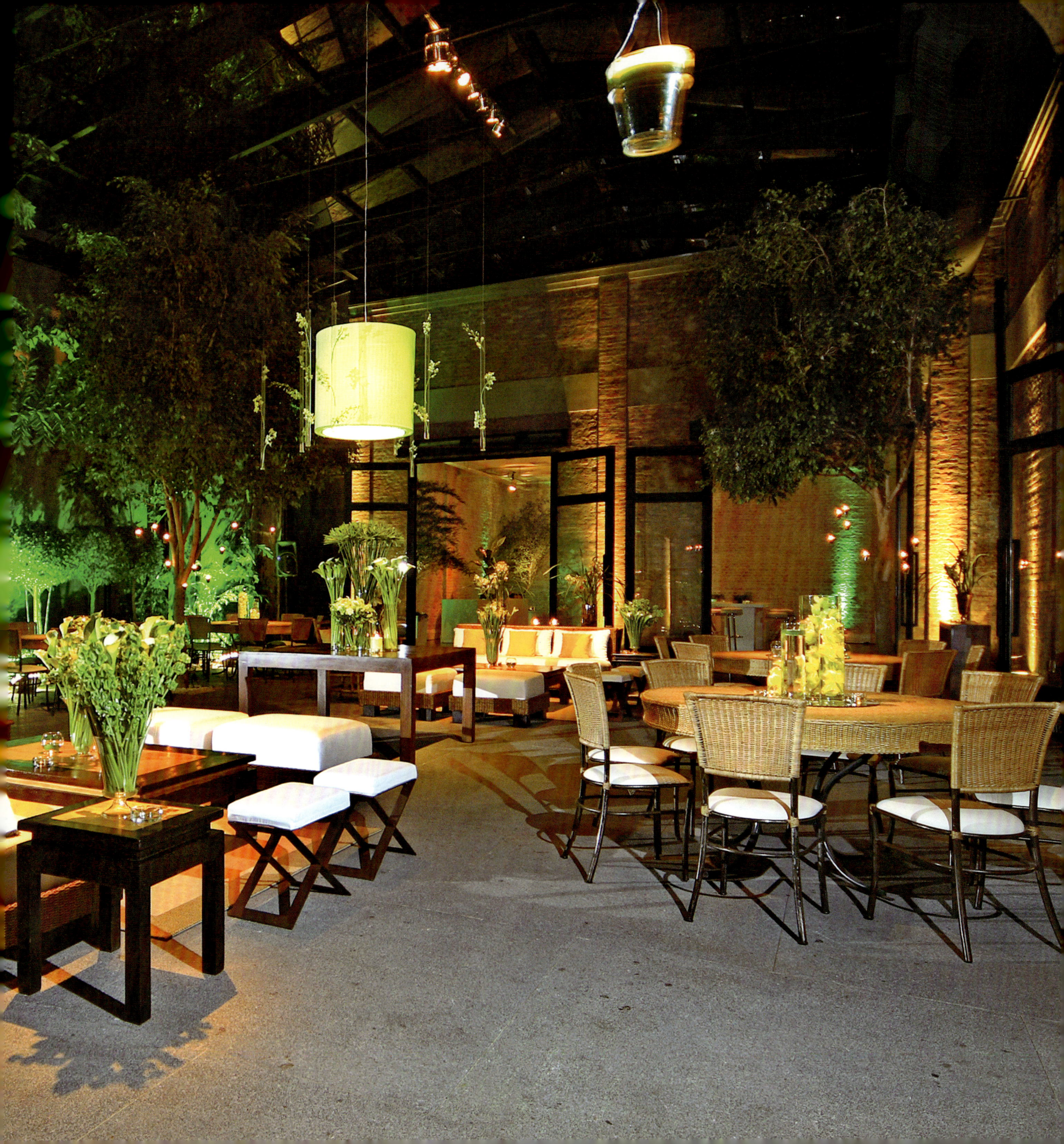

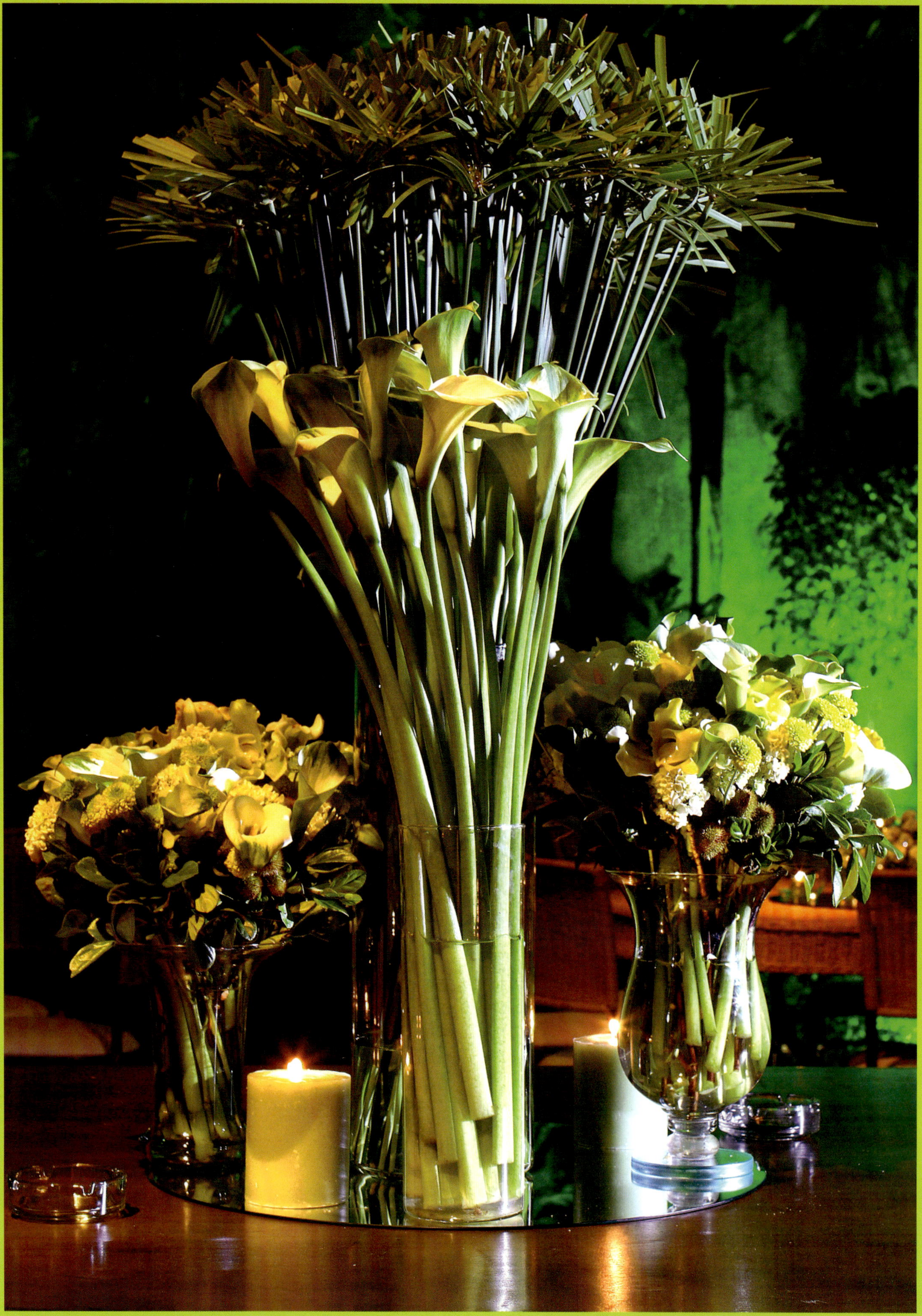

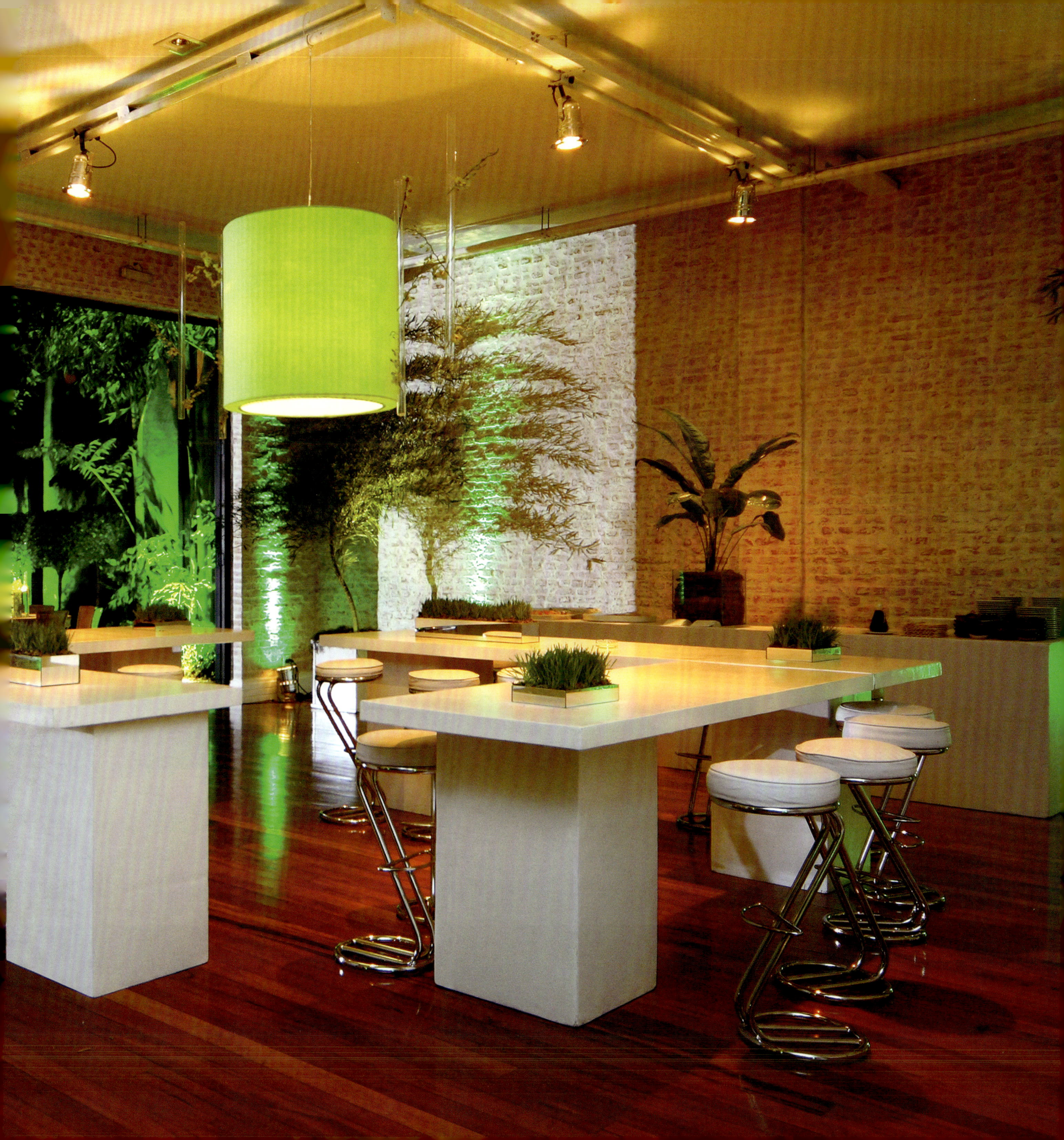

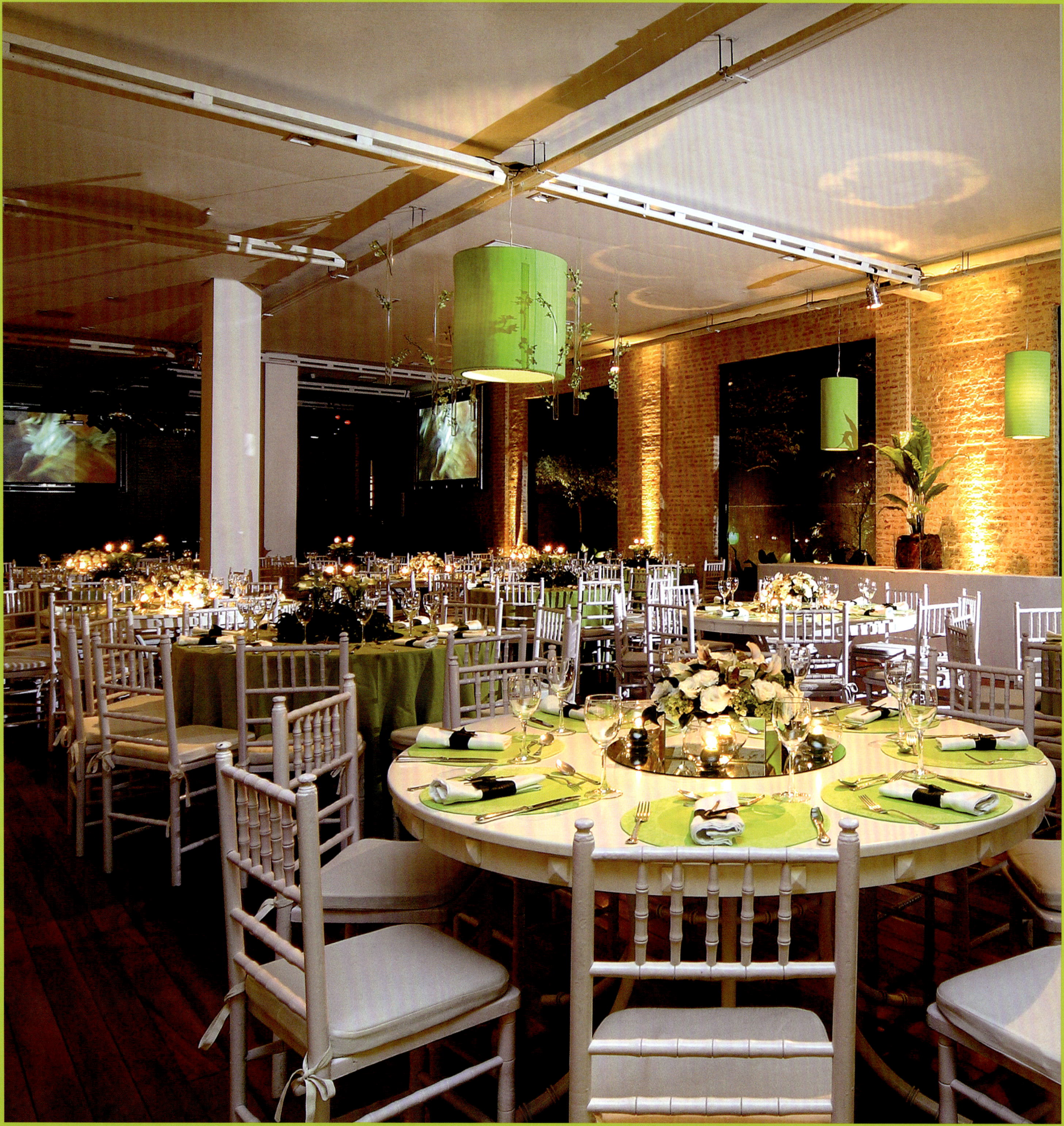

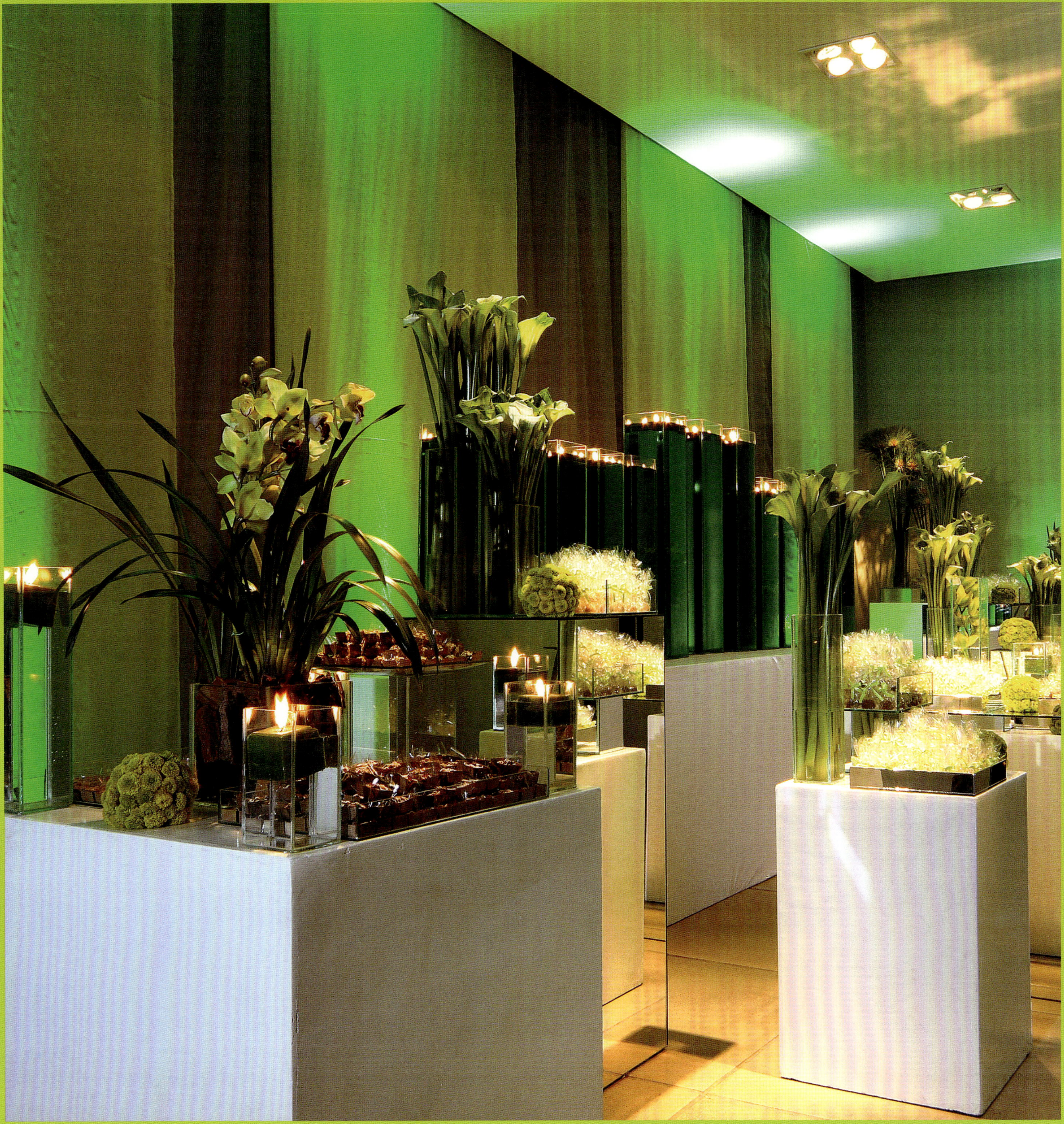

Titina Leão

Quando trabalhava em uma confecção, a administradora de empresas Anna Christina Leão começou a fazer um curso de ikebana. Sua professora se admirava com o jeito que ela tinha com as flores e isso enchia de entusiasmo a aplicada aluna. Daí a largar o emprego e entrar para o negócio de arranjos florais foi só um pulinho! Quando uma amiga decidiu se casar e a convidou para assumir a decoração do evento, Titina mergulhou de cabeça nesse universo alegre e florido.

"Desde pequena eu gostava de decoração – arrumava até o que havia dentro da geladeira lá de casa – só não tinha me ligado que isso poderia ser uma vocação e um negócio".

Hoje sua empresa funciona num enorme galpão em Cotia e também num *showroom* no Jardim Europa. "Para mim, a boa decoradora é quem capta as expectativas do cliente e as materializa de um modo criativo e bonito".

Fotos: Luísa Meyer

Elegante e Despojada

O estilo da noiva era mais para o tradicional, e ela deixou bem claro que queria um casamento sóbrio, bonito, original, mas, acima de tudo, *clean*.

Os convidados iam chegando para a cerimônia religiosa e se acomodando na nave delimitada por peças altas de cristal, colocadas sobre colunas revestidas de veludo verde.

Três imponentes lustres de velas demarcavam o caminho a ser percorrido pela noiva e seu pai até o púlpito do padre. Os arranjos ao lado do altar eram duas montagens de buquês em vários tamanhos.

As almofadas dos *lounges* eram forradas com um tecido xadrez, foi feito uso farto de folhagens verdes e alguns detalhes eram na cor fendi para quebrar um pouco o branco.

A luz teve um papel importante: a intensidade foi aumentada gradualmente no momento da entrada da noiva para fazê-la brilhar.

Outro charme usado pela decoradora na iluminação foram as lanternas compostas por uma caixa de vidro com cinco velas e fitas de cetim nas cores escolhidas pela noiva, que ficavam suspensas e trançadas junto às paredes.

Pela mesa de doces foram distribuídas placas de chocolate decorado e alguns martelinhos para as pessoas irem quebrando os pedaços e se servindo de uma maneira original e lúdica.

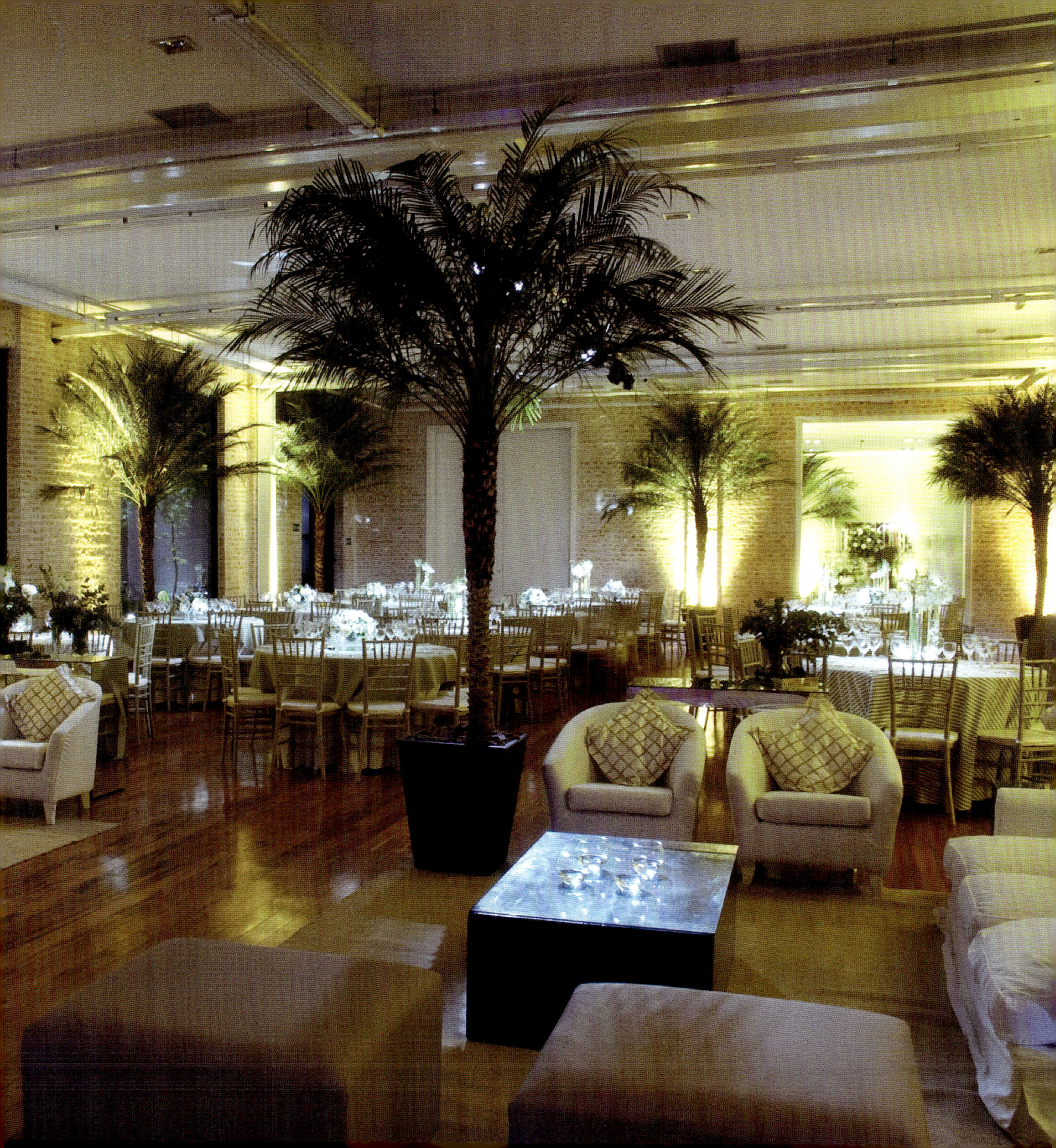

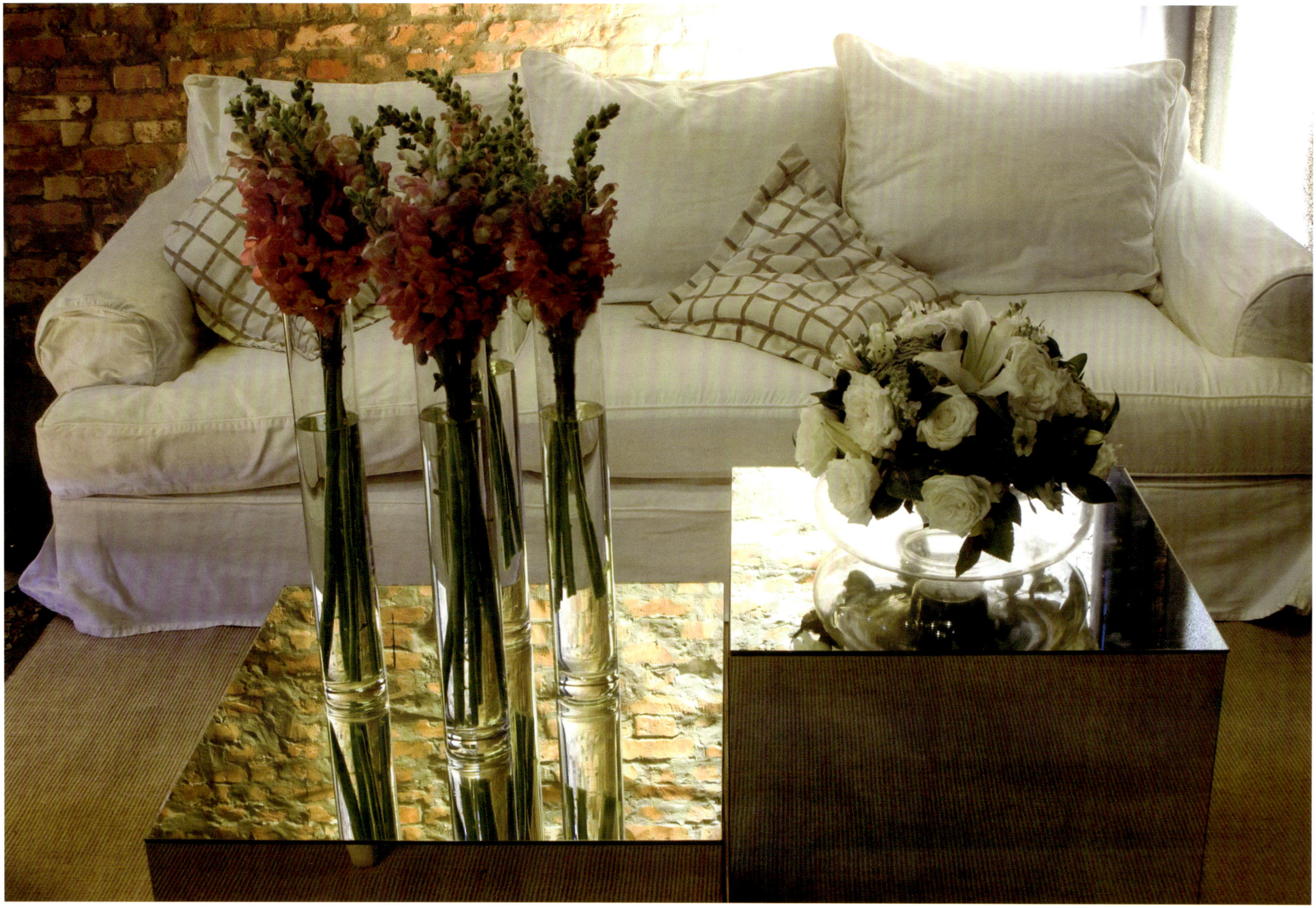

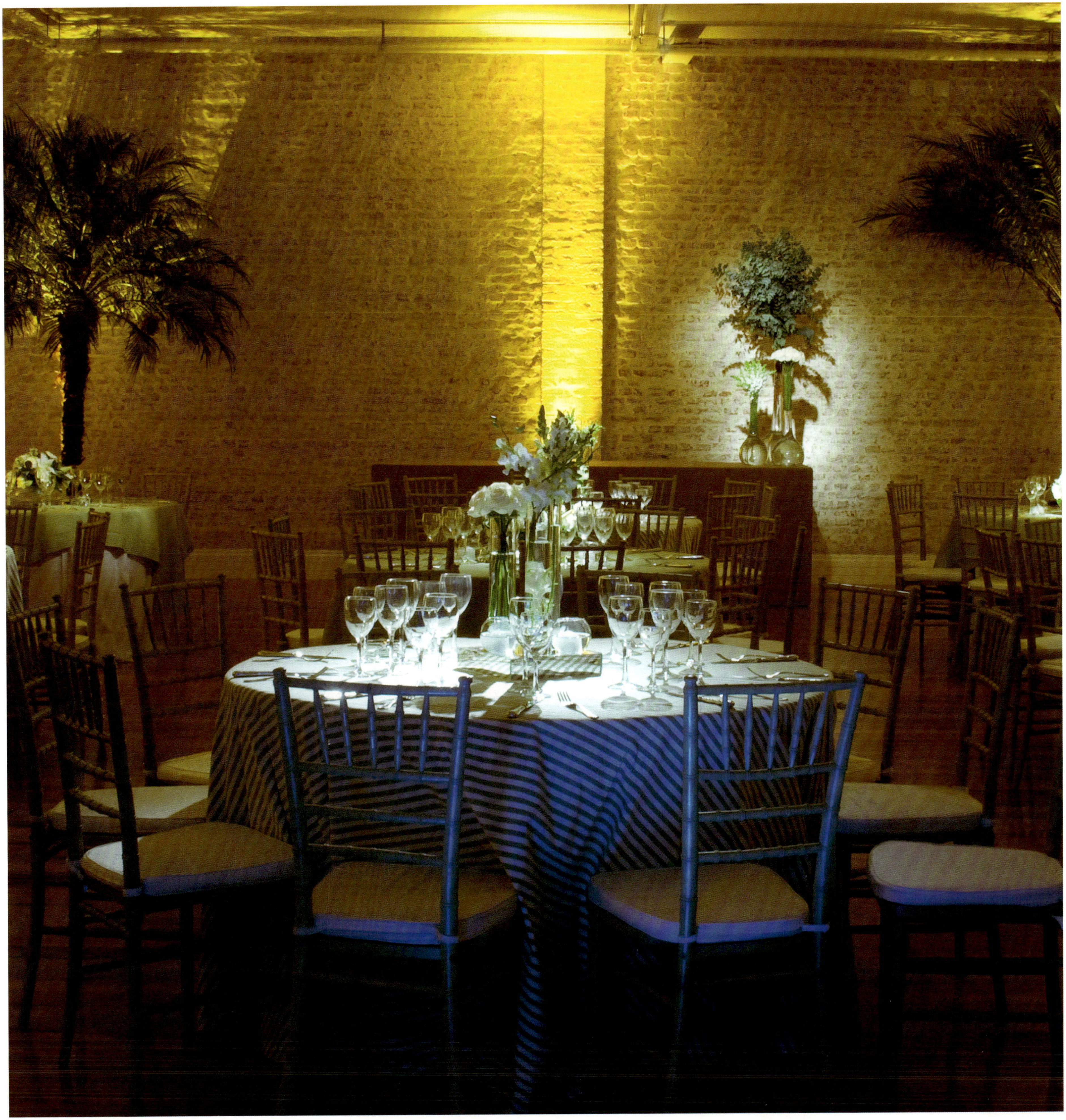

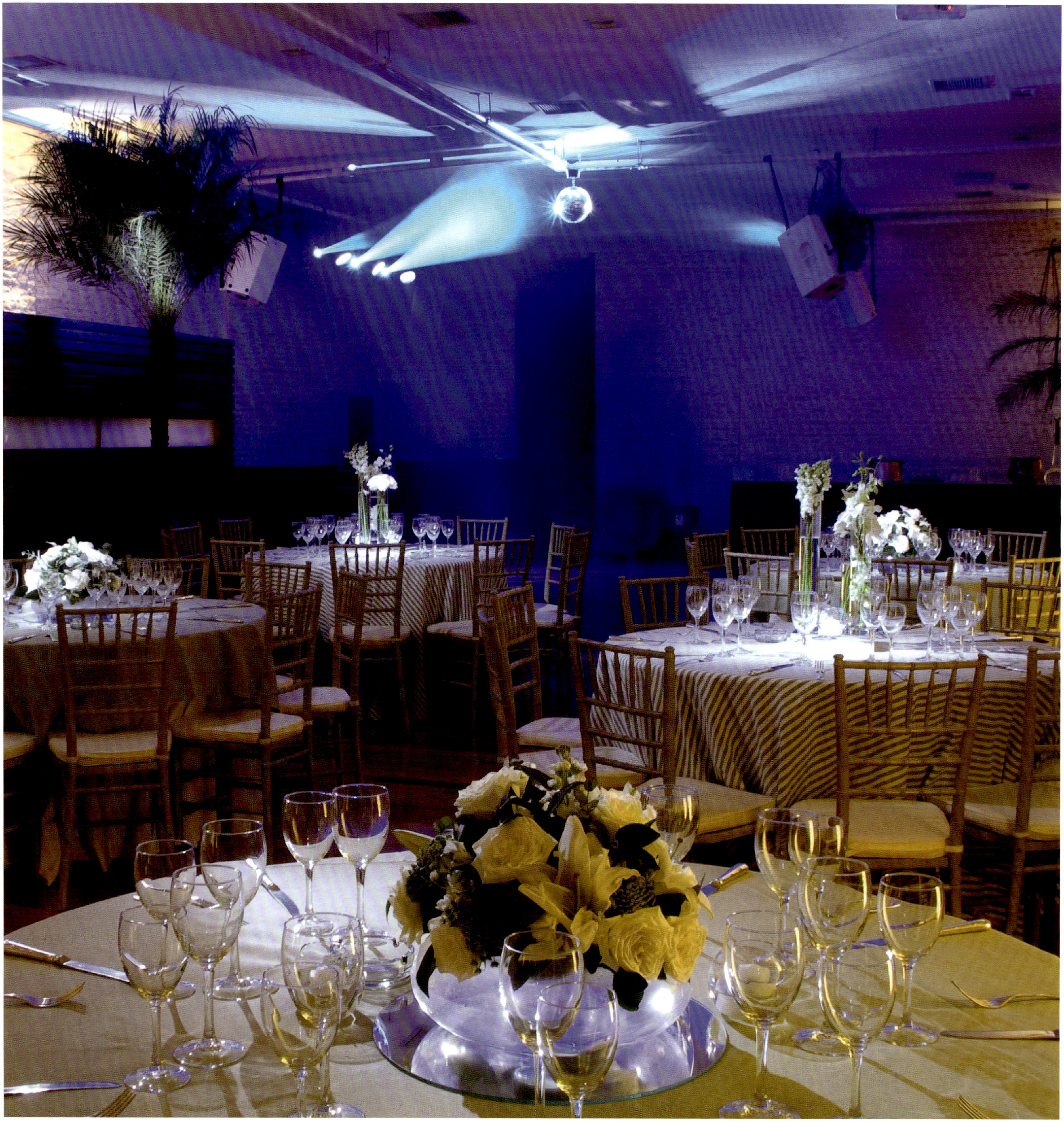

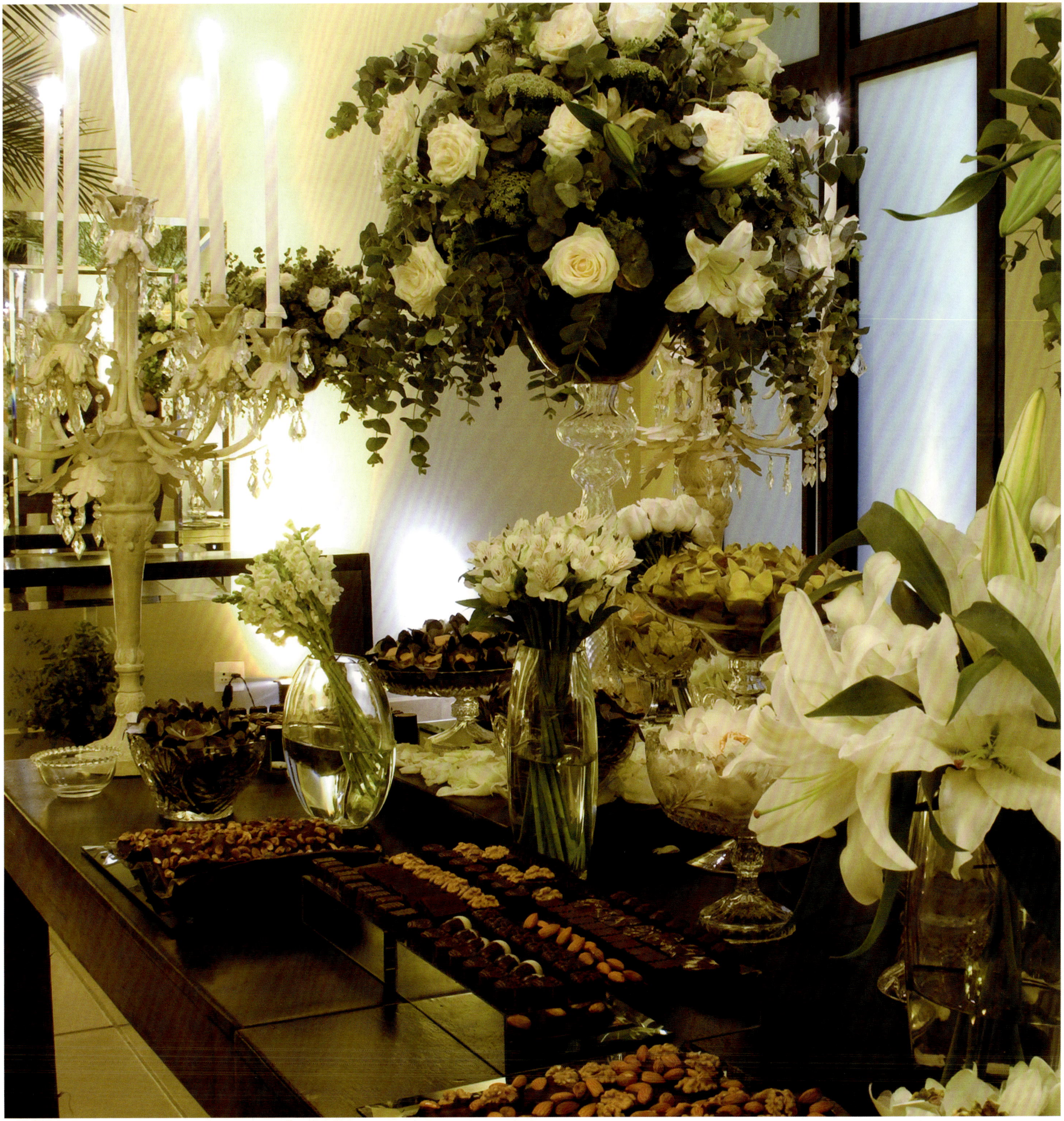

Vic Meirelles

Assim que se formou em arquitetura na Belas Artes, Vic Meirelles foi trabalhar numa grande floricultura. Ali aprendeu a fazer arranjos florais, mas seu talento e seu dom só foram mesmo lapidados e aprimorados nos dois anos que passou em Londres, especializando–se nessa arte.

De volta a São Paulo, decorava com suas criações os ateliês de amigos como Gloria Coelho e Reinaldo Lourenço. As clientes desses estilistas, encantadas com seu trabalho, logo começaram a chamá-lo para decorar e encher de flores suas casas e suas festas.

Assim, de 1996 para cá, Vic foi se consolidando como o mais renomado florista do país. "Fartura, opulência e generosidade são as minhas marcas. Não sou *clean*. Gosto de encher os olhos das pessoas".

Vic diz preferir as festas mais intimistas. "É que faço tudo pessoalmente. Sou pequeno mesmo, sempre fui e não pretendo mudar".

Fotos: Carla de Carvalho

Caixinhas Multicoloridas

A aniversariante queria uma festa bem moderna e, ao mesmo tempo, com um toque romântico. Pensando nisso, Vic Meirelles recheou os salões com muitos *lounges* e poucas mesas, com uma predominância do lilás.

Os móveis e as modernas luminárias – com grandes cúpulas - eram todos praticamente brancos. Mas, para encher de alegria os diferentes ambientes, o arquiteto usou muitas almofadas e flores com cores vibrantes, que variavam do rosa ao roxo, passando pelo vermelho, fúcsia, *pink*, magenta e pelo bordô.

Esses *lounges* eram compostos por cadeiras altas – tipo bistrô – com *design* contemporâneo e acabamento cromado, para dar um toque bem atual e jovem à festa.

As cortinas do salão eram feitas de tecido leve, em um gracioso tom lilás.

Um mimo encantou a todos: os arranjos florais foram colocados dentro de pequenas caixas coloridas, de diversos tamanhos, formas e tonalidades. Ao final da festa, cada convidado podia levar para casa um pequeno pedacinho da decoração do lindo evento como recordação da noite.

A riqueza de detalhes do trabalho de Vic incluía ainda borboletas pousadas sobre os arranjos de flores, o que remetia as jovens convidadas a uma floresta encantada. Os olhos da dona da festa brilharam!

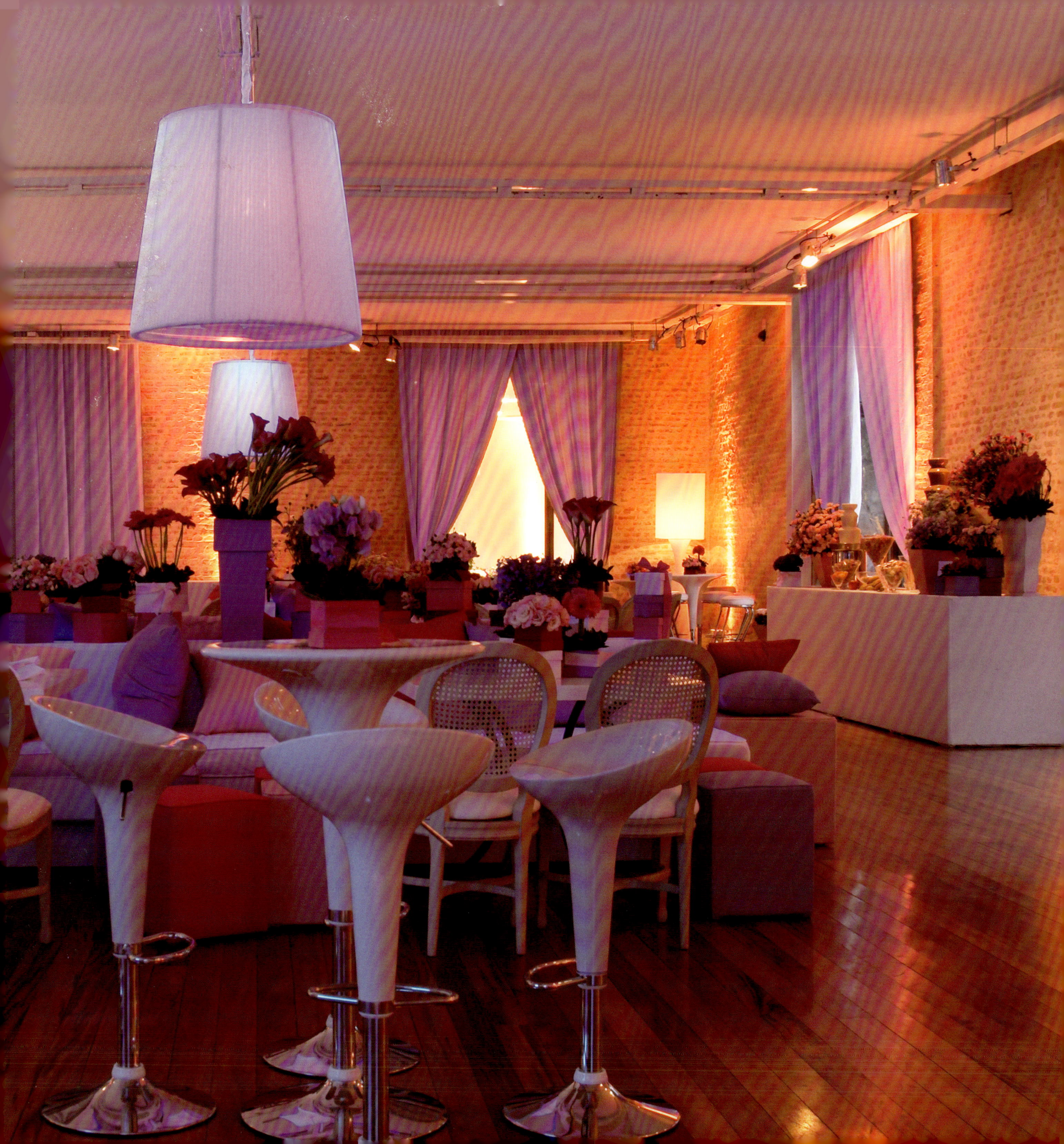

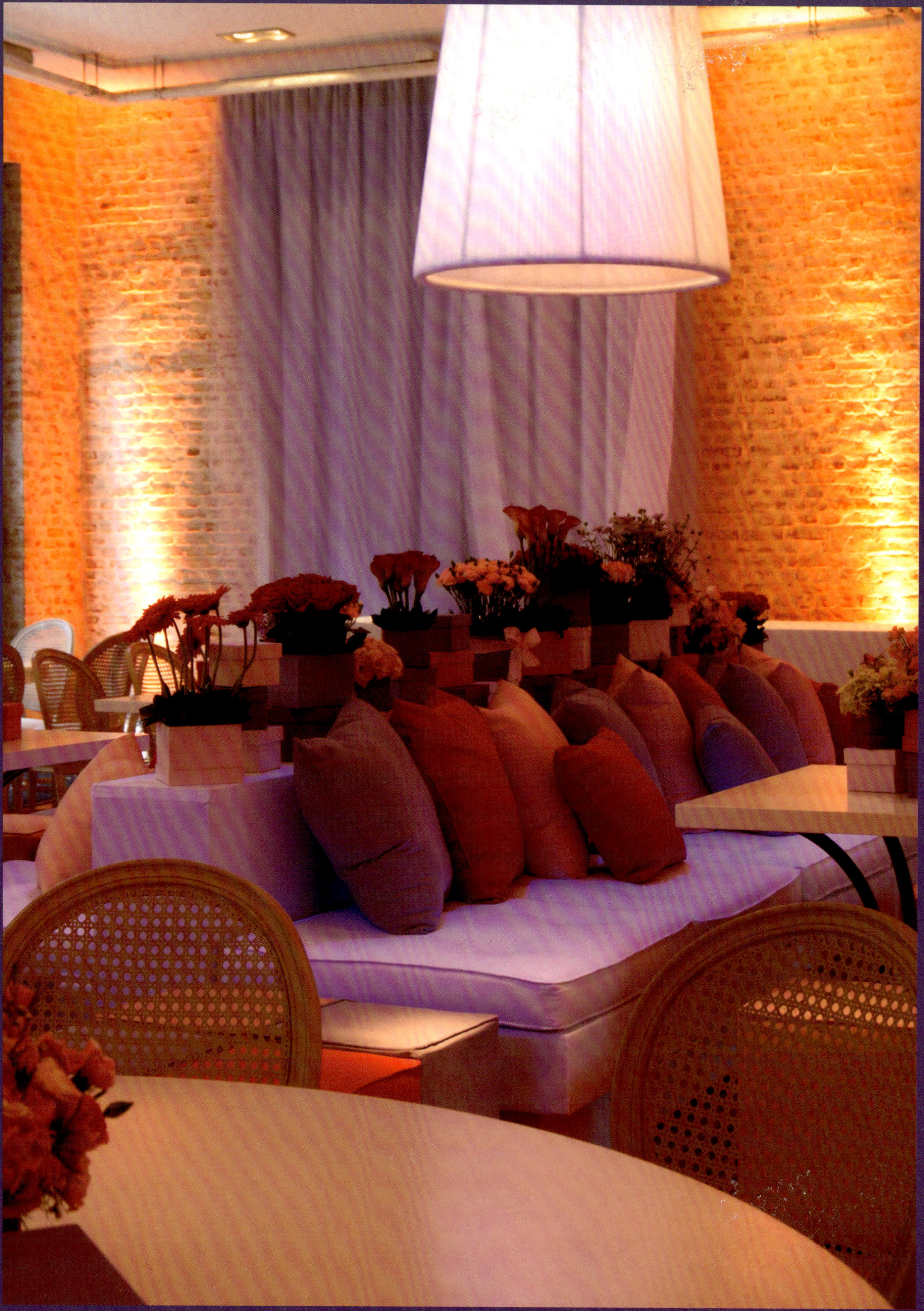

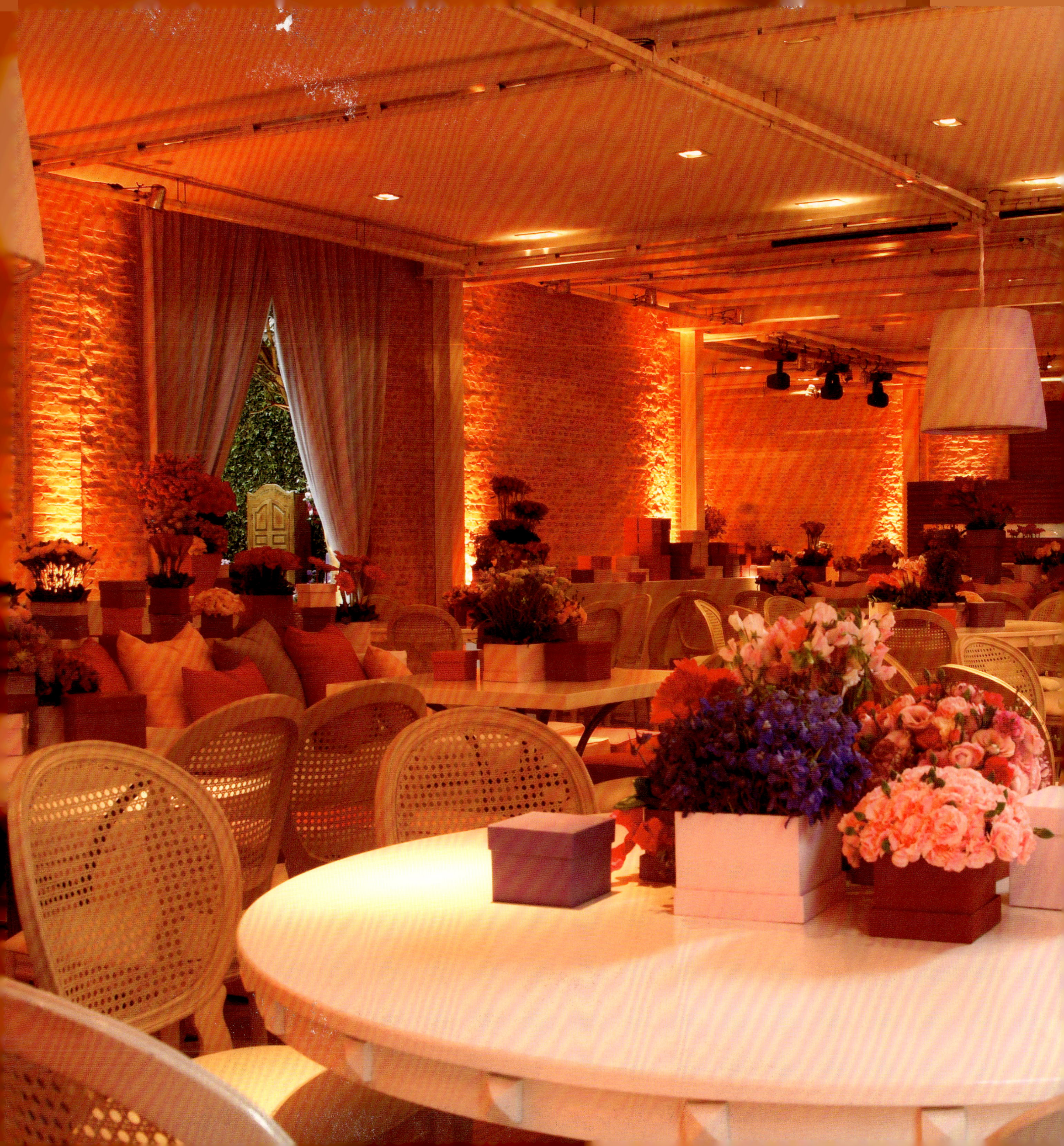

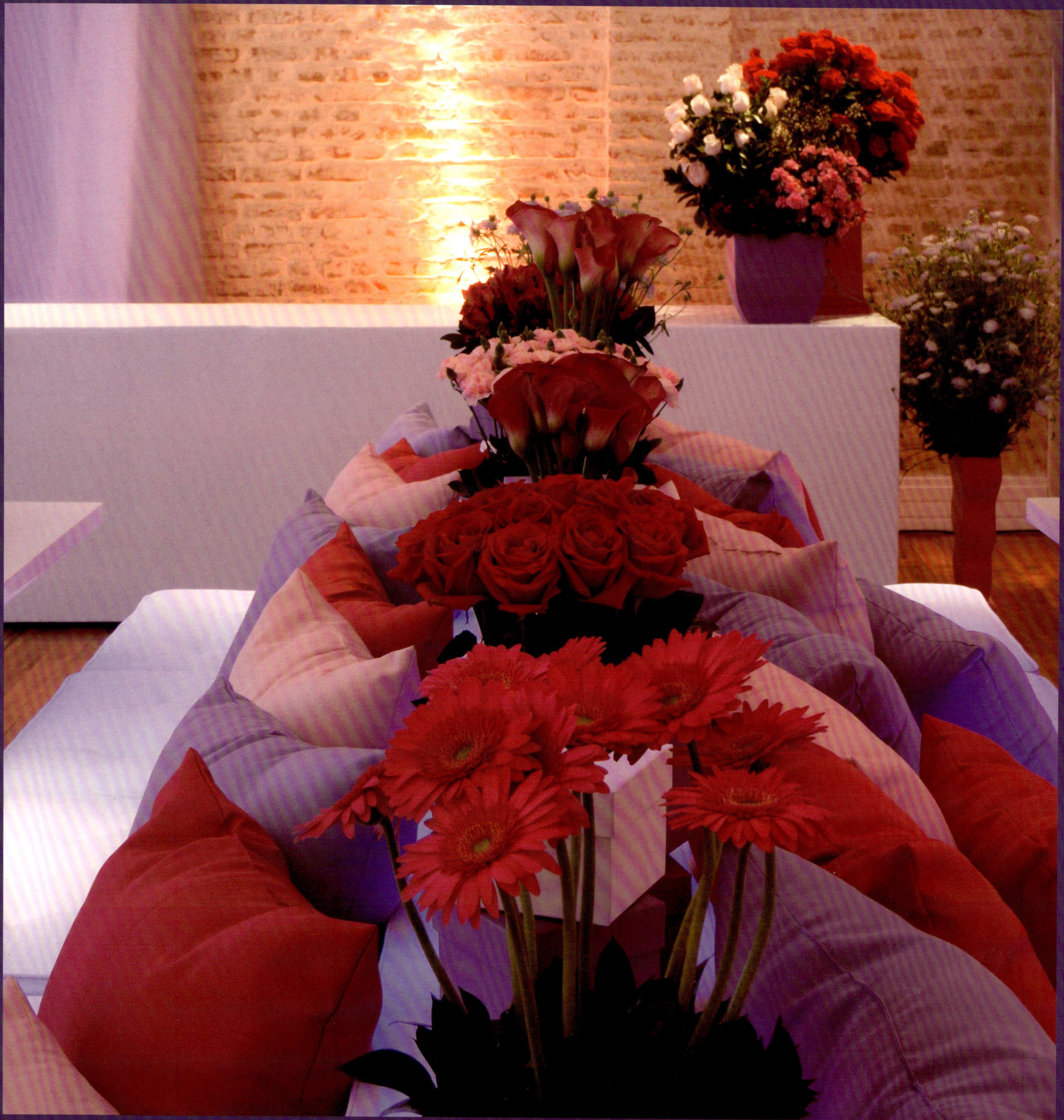

Editora Boccato Ltda. EPP
Rua Afonso Brás, 473 - cj. 33
04511-011 - Vila Nova Conceição
Tel.: 11 3846-5141
www.boccato.com.br

Editor: André Boccato
Curadoras:
Glícia Melo Franco Abud
Kati Regina Fantauzzi Barbieri
Lilian Zanforlin Baptistella
Sylmara Cristina Beirut Venturelli
Assistente de Curadoria: Lucifábia de Macêdo Costa
Projeto Gráfico e Direção de Arte: Eduardo Schultz
Coordenação Editorial: Maria Aparecida C. Ramos
Produção de Textos: Kike Costa
Revisão: Maíra Ferrari
Impressão: Geográfica

Editora Gaia LTDA.
(pertence ao grupo Global Editora e Distribuidora Ltda.)
Rua Pirapitingüi, 111-A - Liberdade 01508-020
São Paulo - SP - Brasil (11) 3277-7999
www.globaleditora.com.br - gaia@editoragaia.com.br
N.º de Catálogo: 3080

Diretor Editorial: Jefferson L. Alves
Diretor de Marketing: Richard A. Alves
Gerente de Produção: Flávio Samuel
Coordenação Editorial: Ana Paula Ribeiro

Empresas que forneceram serviços e materiais para as festas publicadas:
Assessoria e Cerimonial: Ana Cruz Eventos, Ana Maria Sayão, Coordinare Eventos, Festività, Luis Henrique Soares, Marco Aurélio Moura, Marialice Cerello, Marriages, MS Eventos Especiais, Party Design, Paula Frederico, Renata Viana, Romy Godoy & Tangrê Wolff, RSVP, Viki Albuquerque. **Assessórios:** Ana Luiza Wawelberg, Anno Domini, Atelier da Mesa, Caminho da Mesa, Conceição Blanco Velas, Fast Signs, Home Marche, La Table, Mesalinho Toalhas, Oficina das Capas, Radios Mand, Santa Festa, Século Tapetes. **Bebidas / Bartender:** Art Coquetel, Bertones Barman, BR Bebidas, Casa Lisboa, Enoteca Fasano, Estilo Bar, Euro Drinks, Florestas Bebidas, Help Bar, Jallas Bebidas, Kylix Vinhos, Prima Classe, Red Gastronomia, Samir Bebidas, Shakers, Zahil Bebidas. **Buffets:** Buffet Bia Afonso Ferreira, Buffet França, Buffet Ginger, Buffet Vivi Barros, Christian Formon, Francisca Buffet, Giardini, Gislaine Oliveira, Kapalua, L´épicerie, Marcelo Sampaio Ap Gourmet, Marcia Faccio, Neka Menna Barreto, Toninho Mariutti, Viko Tangoda Gastronomia. **Convites e Lembrancinhas:** Cards and Co, Casa 8, Fabrika de Eventos, Papeteria, Peppermint Place, Printing House, Relevo Araújo. **Doces, Bolos e Bem Casados:** Adora Doces, Alessandra Tonisi, Ana Abelha, Anna Cristina Bem Casados, Arts Frutmel, Carol Buarque, Chocolates Goods, Cintia Bem Casados, Claudia Eid Jordão, Conceição Bem Casados, Fernanda Chocolates, Fifi Doces, La Vie en Douce, Luana Massi, Luciola Andrade e Cake Design, Maristela Bem Casados, Mariza Doces, Nininha Sigrist, Pati Piva, Piece of Cake, Terezinha Nigri Doces. **Floristas:** André Pedrotti Flores, Aparecida Helena, Carlos Produções, Clarice Mukai, Feijó Design, Flores na Net, Flower People, Rosa Cravo, Rubens Decorações, Studio Flora Sodré, Vic Meirelles. **Foto e Vídeo:** Além da Midia, Alice Lima, Amarela Video, Amauri Domingos fotos e video jornalismo, Beto Reginik, Dani Pacces, Danilo Waissman, Eliana Weissman, Fabio Laub, Fernanda Scuracchio, Fernando Ricci, Foto Studio Equipe, Ioran Finguerman, Linguagem e Video, Lux Produção Video jornalismo, Macro Foto Filme, Maira Preto, Marcos Andreoni, Marcos Pecorari, Marina e Fernanda, Multimagem, Nellie Solitrenik, Noemi Label, Paty Vilela, Personal Press, Roberto Vilella Video Jornalismo, Rodrigo Sack, Tyto Neves, Vinicius Credidio, VisualFarm (VDJ). **Iluminação:** ADL, Ambiente Lighting, Barrela, BlackOut, DB2 Produções, DJD Iluminação, Leo Cavalcanti, Logic Sound, Perfil Lighting Design, RP Lighting, TRBR Eventos. **Mobiliário:** 100% Eventos, Casa das Festas, Com Classe, Complements, Cris Coberturas, Destacc Coberturas, Elemento Cor, Fotosfera, Gianni Coberturas, La Compagnie du Mobilier, Móbile Festas, Party Coberturas, SR Cenografia, Tríade Móveis, Z2 Cenografia. **Som / Dj / Banda / Atração:** Anutsen Atrações, B2 Eventos, Banda Hod Hannah, Beto Ribeiro (Water Republic), Coral Allegro, Coral Baccarelli, Coral e Orquestra Ione Costa, DB2 Produção, Duty Som, Henrique Secchi, Jogo de Damas, Klauss Entertainment, Logic Sound, Mack Produções, Marcelo Piazza, Marquinhos Percussão, MB Produções, Muzik, Paulinho Bogosian, Paulo Campos (percussão), Pirofagia B2 Eventos, Rabinos Dançarinos, Ricardo Dias Produções e Eventos, Sidney Magal, Sinfonia, SP3, TechSamba, TRBR Eventos, William Ribeiro.

Dados Internacionais de Catalogação na Publicação (CIP)
(Câmara Brasileira do Livro, SP, Brasil)

Festas contemporâneas : a arte de celebrar / Glícia Melo Franco Abud...[et al.]. -- São Paulo : Gaia ; Boccato, 2008.

Outros autores: Kati Regina Fantauzzi Barbieri, Lílian Zanforlin Baptistella, Sylmara Cristina Beirut Venturelli
ISBN 978-85-7555-179-0

1. Arquitetura - Decoração e ornamento 2. Decoração de interiores 3. Decoração e ornamento 4. Decoração para festas 5. Decoradores 6. Decoradores - Brasil 7. Festas I. Abud, Glícia Melo Franco. II. Barbieri, Kati Regina Fantauzzi. III. Baptistella, Lílian Zanforlin. IV. Venturelli, Sylmara Cristina Beirut.

08-09522   CDD-745.4492

Índices para catálogo sistemático:

1. Festas Contemporâneas : Decoradores : Artes decorativas   745.4492